JN087746

誇りある金融

バリュー・ベース・バンキングの核心

新田信行
第一勧業信用組合理事長

江上広行
価値を大切にする金融実践者の会
代表理事

近代セールス社

バンカーとは、おカネを美しく使う人を
探してくる人のことをいう

——チャールズ・アイゼンシュタイン『聖なる経済学』

"A banker is someone who finds beautiful uses for money."

"Sacred Economics" Charles Eisenstein

「バンカー」であることの誇り

いま、日本の金融は転換点にあるのかもしれません。その中で、既存の金融機関で働く職員が、誇りをなくしているように感じます。

しかし、金融はとても重要な仕事です。ここで言う「誇り」とは、エリート意識の尊大なプライドではなく、自分の仕事が顧客や社会に貢献しているという自負をベースとするものです。金融なくして、地方創生も、街づくりも、社会的課題の解決も、豊かな社会も実現できません。

世界には様々な金融があります。本書のサブタイトルにあるバリュー・ベース・バンキングとは、持続可能な社会・経済・環境の発展をもたらすために、「おカネ」という手段を活用していこうという考え方です。つまり、利益ではなく「価値を大切にする金融」であり、これを実践している各国の金融機関は、誇りを持って、自らの仕事に取り組んでいます。

私には、日本に、多様で個性がある金融がたくさん生まれてきてほしいという願いがあります。なぜならば、それによって一人ひとりの存在がみとめられる豊かな社会が訪れると信じているからです。本書で示されるバリュー・ベース・バンキングという考え方には、新しい金融の出現に向けた、たくさんの示唆があると感じています。

本書が、これからの日本の金融を支える方々にとって、多様で個性あふれる金融を創造するためのひとつのヒントとなれば幸いです。

そして、いま金融機関で働いている若きバンカーたちが、誇りを持って自らの仕事に全力で傾注し、また、これから仕事を選ぶ若者が誇りある仕事として金融の道を選ばれることを、先輩「バンカー」として願わずにはいられません。

第一勧業信用組合理事長
ＪＰＢＶ議長
新田信行

目次

第1章 GABVのミッションとバリュー・ベース・バンキング……031
――おカネの力で未来を変える　江上広行

第2章　ＧＡＢＶ、そしてＪＰＢＶで 我々は何を目指すのか？……057

●対談●　新田信行×江上広行〈前編〉

第3章 行動指針としてのGABV6原則……097

――その考え方と実践事例　江上広行

第4章　金融機関で働く人たちが 自分の仕事に誇りを持つために……175

第５章　日本にバリュー・ベース・バンキングを……219

――ＪＰＢＶ創設のストーリー――　江上広行

終章

序章

持続可能な金融へ、新たな挑戦の始まり

――ＧＡＢＶへの加盟とＪＰＢＶ

新田信行

奇妙な書き出しと思われるかもしれません。２０１９年2月20日の夜、私はカナダのバンクーバーの街角に、興奮冷めやらぬ気分で立っていました。

真冬のバンクーバー。私の隣には、本書の共著者である江上広行さんがいました。東京都内を地盤とする信用組合の理事長が、なぜバンクーバーにいたのか。それはこれからの金融のあり方を追求していくうえで、とても重要なイベントに参加するためでした。

そのとき、私と江上さんは、金融の未来に向けた思いを改めて共有していました。このイベントへの参加がきわめて有意義だったことを確信した二人は、バンクーバーの夜の街角で、固い握手を交わしました。

私たちが参加していたイベントとは、The Global Alliance for Banking on Values（以下ＧＡＢＶ）という銀行や信用組合による国際組織が発足10周年を記念して開催した国際大会（グローバルサミット）です。ＧＡＢＶの理念、活動など詳細については後述するので、ここでは深くは触れませんが、簡単に言えば、リーマンショック後、それまでの金融ビジネスの限界が露呈し、その反省から生み出されたバリュー・ベース・バンキングを追求する金融機関による国際的なネットワークがGABVです。

わが国では一般には広くは知られていませんが、そのプレゼンスは国際的に増し続けています。2019年12月末時点で、世界の63金融機関が加盟しており、それぞれの国において、社会的課題の解決に金融を手段として立ち向かっています。社会的課題には、環境問題、貧困問題等々、様々なものが含まれますが、国連がSDGs*として17の項目を掲げているように、GABVに加盟している金融機関はそれぞれが抱える多くの課題に独自の経営で挑んでいるのです。

そして、そうした金融を目指し、実践している世界の金融機関のトップたちが一堂に結集した国際大会が、そのときバンクーバーで開かれていたのです。

じつは、2018年7月、私が理事長を務める第一勧業信用組合は、わが国の金融機関としては初めてとなるGABV加盟を果たしていました。加盟手続きは決して容易ではありませんでした。審査のハードルが高かったからです。

そしてこのGABVの存在と活動を私に教えてくれ、加盟を強く促したのが江上さんでした。

＊SDGs…「Sustainable Development Goals（持続可能な開発目標）」の略称。2015年9月の国連サミットで採択された「持続可能な開発のための2030アジェンダ」に記載された2030年までに持続可能でよりよい世界を目指す国際目標として、17のゴール・169のターゲットから構成されている。

GABV グローバルサミットでの集合写真　左から４人目が新田氏

江上さんは、当組合のＧＡＢＶ加盟が実現するや、ＧＡＢＶの理念を実現する日本版組織としてのＪＰＢＶ（The Japanese Practitioners for Banking on Values 価値を大切にする金融実践者の会）の立ち上げに動き出しました。私は江上さんの要請を受けて、そのとき、共同発起人に名前を連ねました。ＪＰＢＶは２０１８年12月に正式に設立。現在、私が議長に就き、江上さんが事務局長を務めています。

そうした経緯があり、２０１９年2月、私は江上さんとともにバンクーバーに向かったのでした。ＧＡＢＶの国際大会への参加はきわめて貴重で、かつ刺激的な経験でした。各国から参加した金融機関はどこも個性的で多様性に溢れていました。そこで見聞した各金融機関の有り様から日本の地域金融機関に目を向けてみると、それは非常に閉鎖的で均一的なものにしか思えませんでした。そうなのです。私がバンクーバーで目の当たりにした光景は、開放的で多様性にあふれる金融の姿だったのです。

本当に私たちは持続可能なのか？

この経験は、当時の私にとって得難いものでした。というのも、私はＧＡＢＶ加盟の直前まで、ある思いに駆られてあがき続けていたからです。

私は２０１３年にみずほ銀行の常務から、第一勧業信用組合に転じて理事長を任されました。理事長に就任した当時、当組合は経営的に厳しい状況にあり、理事長に就任すると同時に、私は死に物狂いで危機対応的な経営に着手し、決断と実行を繰り返す毎日を送ってきました。

理事長としての２期４年はあっという間に過ぎました。いま振り返ってみても、この４年間は走りながら考えて次の行動につなげていくという日々でした。

それまで当組合は赤字体質に陥っており、職場には沈滞ムードが漂っていました。

この信用組合をきちんと蘇らせるためには何をすべきなのか、一刻の猶予も与えられていないような状況下で、私は次々と改革に着手していきました。それは、信用組合*の本来の姿であるコミュニティバンクへの回帰という路線の上にあるものでしたが、ただ元に戻るだけではない進化を伴ったものとして、それを実現していくという発想が私にはありました。

その一環として、「芸妓ローン」に代表される無担保・無保証のコミュニティ・ローンを生み出したり、職員たちの目利き力を養うための施策を打ち出したり、それから地方創生に向けて地方の信用組合との連携に動きました。創業支援にも力を入れ、創業を目指す若者や女性などへの支援を具体的に広げていきました。まったく息つく暇も無いような日々でした。

もちろん、私の力だけではなく、役職員の一丸となった努力によって、改革の成果は着実に上がっていきました。結果として、業績は改善に向かい、職場には活気も蘇ってきました。

その手応えを感じ始めた2017年初頭、それまでの取り組みを振り返り、今後、

＊信用組合…「中小企業等協同組合法」に基づく組合員の出資による「相互扶助」を理念とする協同組合組織の金融機関。組合員以外の預金は20％までしか認められていない。2019年12月現在、日本には145の信用組合が存在している。

追求すべき姿を改めて考える意味も込めて、前著である『よみがえる金融　協同組織金融機関の未来』（ダイヤモンド社刊）を上梓することになりました。『よみがえる金融』で記した内容の多くは、いわば危機対応時の戦術論でした。とにかく、死に物狂いで、問題に対処しなければならず、それには効果的な戦術を打ち出して実践していくほかはなかったからです。

こうして、いわば、目の前にある課題を次々に解決していったわけですが、それに伴って、失いかけていた当組合の顧客からの信頼は回復し、世の中からの注目度も高まりました。私が安堵したことは言うまでもありません。

一方で目の前の課題を解決し終えたときから、私には次第に新たな不安が生まれてきたのです。いわば、がむしゃらに走り続けて、ほっと息を抜いたときから、「私たちはこれで持続可能なのか」という次の不安に駆られるようになってしまったのです。

いまを生きることに多少なりとも余裕ができたとき、次に視線が向かうのは未来です。金融庁は近年、地域金融機関に対して「持続可能なビジネスモデルの構築*」を求めてきています。これは、現状のビジネスモデルは将来に向けての持続可能性が乏し

＊持続可能なビジネスモデルの構築…金融庁が2019年８月に公表した「金融仲介機能の発揮に向けたプログレスレポート」に、「金融システム全体の持続的な安定のためには、個々の地域金融機関が持続可能なビジネスモデルを構築し、コスト・リターンのバランスの取れた経営により、安定した収益や将来にわたる健全性を確保している状態になることが重要」と記載されている。

いと論じているに等しいと言えます。そこで、地域金融機関の間では「持続可能なビジネスモデルの構築」が叫ばれるようになってきたのですが、それを着実に実現しえていると言える金融機関はごくわずかというのが偽らざる状況でしょう。

金融は一時的な収益を生み出すことが可能です。ただし、それはお客様を大切にする金融の姿とは決して相容れません。

近年、金融分野では計数ベースや収益ベースの営業目標、すなわちノルマが生み出す問題が表面化しています。これは、「数字を作る」という顧客無視の発想に結びつきやすく、実際、それが高じて不正事件が起きるような事態にもなっています。当組合は経営理念として「組合員の幸せ」という概念を掲げています。「一時的に利益を作る金融」がそれと反するものであることは明らかでした。当組合はいち早くノルマを廃止し、業績評価体系や人事評価体系を改めるなどの試行錯誤を繰り返しています。

しかも、いまは激しい変化の時代です。国内では高度成長という経済ステージが終焉して久しく、成熟経済のステージに入っています。そこに、必然的に大きな変化の波が押し寄せています。その真っ只中にあるのが金融なのです。

そうした時代の中にあって、持続的に金融機関が生きていくためにはどうすればよいのか。

当時、私の頭に浮かんできていたのが、「人と人との関係性」や「共感」というキーワードであり、同時に私は、「幸せのコミュニティをつくりたい」「幸せな金融機関にしたい」ということを語り始めていました。

そのような思いを高めているときに、江上さんが私のもとを訪ねてきたのです。これは、私にとって、きわめて運命的な出来事でした。

心を動かされたGABV加盟の提案

じつは、江上さんとの出会いは、私が前著を発刊する以前の2016年12月に遡ります。

当時、江上さんは電通国際情報サービスでコンサルタントの仕事をしていました。ちょうど、彼の著作である『対話する銀行』（金融財政事情研究会）の執筆にかかっていたころだったそうです。

江上さんは、私があるセミナーで語った経営の考え方、金融の考え方に賛同してくれて、わざわざ、私のもとを訪ねてくれたのでした。そのとき、江上さんが私にいろいろと議論を吹きかけてきたことを鮮明に覚えています。議論はすべて賛同できるものでした。というのも、金融機関はもはや既存の発想やビジネスモデルから脱却しなければならないという話だったからです。私も同じような思いを抱いていました。収益追求のみのビジネスモデルでは、いずれ、金融機関は社会からの支持を失いかねないと考えていたのです。

しかし、残念ながら、当時の私は当組合を巡航軌道まで浮上させるために決断、決断の毎日を送っていました。その議論に乗って十分な時間を割くような余裕はとてもなかったころのことです。決断し即座に実行していくことにすべてのエネルギーを費やしていた最中の私にとって、「対話」を重視し、じっくりと議論を積み上げていくという江上さんの姿勢は迂遠なものにすら感じざるを得なかったとも言えます。

私は1年後、ようやく『よみがえる金融』を上梓しようと思うほどの余裕を得たのですが、前述したように新たな悩みにとらわれるようになってしまっていました。

そのとき、江上さんが再び、私の前に現れたのです。彼はかつてとは随分と雰囲気が異なっていました。凄みが加わったともいう雰囲気でした。

そして江上さんは、当時、私が抱いていた新たな不安に一筋の光を当てるような提案をしてきました。その提案がGABVへの加盟だったのです。


話を聞くと、GABVはきわめて興味深い組織でした。海外の金融機関が独自の価値観を構築して金融のあり方を再定義することに挑んでおり、そんな金融機関が集まった組織がGABVであると言うのです。それは、そのとき私が模索していた「持続可能性」というテーマにきわめてフィットする内容でした。

そこで、何はともあれ江上さんに、「興味があるので、GABVの本部（オランダ）に行って、より詳しい内容を調べてきてほしい」とお願いしました。それは2017年の夏のことでした。帰国した江上さんは様々な報告をしてくれて、「新田さん、やはり、真面目に加盟を考えるべきです」というアドバイスもくれました。

それから約1年半が過ぎ、2019年2月、わが国で唯一GABVに加盟した金融機関として、当組合の理事長である私がバンクーバーサミットに参加したのです。

閉塞感を打破するチャレンジ

この間の日数の短さからもおわかりになるように、江上さんにオランダのＧＡＢＶ本部訪問をお願いしてから、以後、怒涛の勢いで物事が動いていきました。その１年余りの出来事に触れる前に、なぜ、私がＧＡＢＶに関心を高めたのかを説明する必要があるでしょう。

私は前著『よみがえる金融』の冒頭に、次のように記しました。

「リテール金融の現場の多くは、閉塞感に満ちています。それは、日本が高度成長時代から、成熟社会に変化しているのにもかかわらず、新たな道筋が見いだせないでいるからとも思えます。時代は、金、物から人へ、量から質へ、そして均一性から多様性へと動いていています。そんななかで金融業界も、新たな社会の要請に応えていくためには、多様性が求められます」

この思いはいまも何ら変わっていません。むしろ、いまはそのことをいよいよ確信しています。いまだに、日本の地域金融には閉塞感が漂っています。これはなぜでしょうか。経営環境的に見て、人口・事業所数の減少が続いているということはこれに無縁ではないでしょう。しかし、それ以上に閉塞感をもたらしているのは、金融業界の横並び意識による均一性のカルチャーのように感じています。

それを象徴的な話として表現すると、こういうことになるでしょう。たとえば、新たな取り組みをしようという議論になると、これまでの日本の金融機関では、多くの場合、「他社はどうしているのか」という確認がなされます。そして、「どこもまだやっていません」という報告があがると、「だったら当社もやらない」となりがちです。あるいは、「他社はほとんどやっています」となれば、「遅れをとってはいけない。やろう」となる。

この結果として、何が起きるのかと言えば、せっかくブルーオーシャン*があるにもかかわらず、そこにはチャレンジせずに、過当競争で飽和状態になっているレッドオーシャンにしか行かなくなる。結局、そこでの過当競争は金利引き下げ競争になって金融機関は自らの首を絞めるような事態を迎えています。

一方、私は競争というものがあまり好きではありません。前著『よみがえる金融』

＊ブルーオーシャン…競争のない未開拓市場である「ブルーオーシャン（青い海、競合相手のいない領域）」を意味する。対局にある競争の激しい既存市場は「レッドオーシャン（赤い海、血で血を洗う競争の激しい領域）」と表現される。

でも記しましたが、私は競い合うプレーヤーではなく、オンリー・ワンのプレーヤーになりたいと思ってきました。そのためには、市場の規模が小さくても、誰もいない分野に向かい、チャレンジしたいと思うのです。

本来、金融はすそ野が無限大に広がっているはずです。たとえば、金融は自分の周りだけではなく、広くとらえていけば、国際的にどこまでもつながっていくような領域です。であれば、その広がりにも目を向けなければいけないでしょう。そうすれば、ブルーオーシャンが広がっていることにも気が付くはずなのです。

そうした「広げる方向」「深める方向」への感覚で経営のアンテナを張ってきた私にとって、江上さんから伝えられたGABVという存在とその活動はきわめて魅力的でした。環境問題や社会問題にきちんと向き合って、そのためのユニークな金融のビジネスモデルを構築している金融機関のトップたちが胸襟を開いて、将来に向けてあるべき金融の姿を議論し追求しているのがGABVの活動だというのです。ところが、日本の金融機関はどこもこの国際的な活動に参画していませんでした。

まさに、私にとって、GABVはブルーオーシャンに誘う道筋であり、「本当に持続可能なのか」という私の悩みを解決するものだったのです。

職員の自立性を問い直す

私は2017年の暮れ頃、GABVへの加盟を目指して舵を切りました。私は加盟に向けて社内にプロジェクトチームを組成することを決断して、江上さんにその中核的な役割を担ってもらうことにしました。もはや江上さんは、ともに一つの目標に向かう同志でした。

まず、2018年に入って開始したのがGABV方式のスコアカード作りでした。これは加盟の前提として行われる手続きですが、なかなかハードルの高い作業でした。GABVのスコアカードとは、定性部分での基本的な問いかけに対して答えていくというアプローチです。それは「Why」「How」「What」*という疑問符に象徴されています。この詳細については後述しますので、ここでは簡単に触れておきます。

この作業は

Why……なぜ、それをやるのか

How……どのように実行するのか

＊「Why」「How」「What」…マーケティング・コンサルタントのサイモン・シネックが提唱した理論。人が行動するときは、「何を」や「どうやって」ではなく、「なぜ」という本来の目的や存在意義から考えることが大切だという考え方。Why・How・Whatの順に内側から同心円で描いた図はゴールデン・サークルとも呼ばれている。

Ｗｈａｔ……何を提供しているのか

という経営理念と実践の一貫性を問いかけるものです。

これを江上さんは、当組合の現場の職員たちとの対話によるワークショップ形式で実施しました。具体的には、会議室に集まった職員たちが「第一勧信の存在意義とは何か」といったテーマで議論するわけです。江上さんはその作業を職員たちの自主性を重んじて運営していきました。私自身はその場にいないように言われ、江上さんと職員たちだけで議論は進められました。そしてある日、江上さんから最後のレビュー会に顔を出すように求められ、私はそこに初めて参加したのです。

このスコアカードを作る作業は、私が常日頃、職員たちに語り続けてきた当組合の理念が職員たちの間でどの程度まで共有されているのかを知ることができる機会でもありました。「職員たちがどんなことを考えてきたのか」と、とても期待してその日を迎えました。しかし、現実は、部下たちからあがってきたレビューの内容はＷｈｙの部分が満足できるレベルに及ばないものでした。考えてみると、これは当たり前のことでした。私はそれまで、部下たちとＷｈｙについての対話をしてこなかったからです。

私にとって、これはきわめて貴重な出来事でした。組織内での経営理念の共有こそ持続可能の条件と考えていた私にとって、改めて明確な出発点となる出来事だったからです。

職員たちがどれだけ自主的に能動的に考えているのか、職員たちはどの程度まで自立的に動いているのか――。

このことをつねに問いかけてきたつもりでした。それだけに、スコアカードのレビュー会は、現実を認識するうえで私にとって貴重な機会になったのです。職員たちにとってもスコアカードの策定プロジェクトは大変に有益で重要な経験になったことは間違いありません。

しかも、スコアカードで問われる「Ｗｈｙ」は「自分たちはどう生きるのか」という私が追求してきたテーマと合致するアプローチでした。私はなおさら、ＧＡＢＶへの加盟を果たしたいという気持ちが高まってきました。もちろん、私にとって、これは相当の覚悟を伴う決断でした。

一方その間、江上さんは私に対して、次々に具体的な提案を持ち込んできました。「新田さん、やる気はあるのですか」と問い詰めるような雰囲気すらありました。

ものごとはどんどんと進展していきました。5月のゴールデンウィークごろにはスコアカードはでき上がり、加盟に向けた申請資料を提出しました。

と、突然、江上さんから話が持ち込まれました。「ああ、書面は提出し終えたな」と、ほっとした矢先のことです。GABVの議長であるピーター・ブロム氏と事務局長のマルコス・エギグレン氏が6月に当組合を訪ねに日本へやってくるというのです。書面審査が通ったので、「トップのニッタはどんな人物なのか」という見極めと、「加盟してバリュー・ベース・バンキングを実践するコミットメントはあるのか」を確認するための面接だったに違いありません。

彼らは6月18日に当組合を訪れました。そして、私をはじめ、当組合の幹部、江上さん、江上さんと同様に支援してくれていた地域共創ネットワーク代表取締役の坂本忠弘さんなどで出迎えて、忌憚のない議論を交わしました。やはり、私の覚悟を問うかのように、2人は私に対して次々に質問を行い続けました。私もこの際とばかりに、日頃考えていることや、当組合の取り組みについて詳細に回答していきました。いま振り返ると、加盟に向かって、あの日が最大のヤマ場だったように思えます。

GABVの第一勧業信用組合訪問時の写真（2017年6月18日）。中央の、新田理事長と握手しているのがGABV議長のピーター・ブロム氏、右が事務局長のマルコス・エギグレン氏

次の時代の金融を築き上げるために

こうして、当組合はＧＡＢＶに本邦金融機関で初めて加盟を果たしました。いまも当組合は、ＧＡＢＶに加盟している日本で唯一の金融機関です。

しかし、江上さんとの関係はこれで終わったわけではありません。江上さんは更に私に別の提案をしてきたからです。それはＧＡＢＶの活動をわが国にも普及し広めていくための組織を立ち上げるというものでした。

もちろん当組合はＧＡＢＶ加盟金融機関として、その活動を広めていくという話に乗らないという選択肢などありえません。私は、組織立ち上げの共同発起人になることに同意しました。その後、江上さんが準備を整え、2018年12月に立ち上げたのがJPBV、すなわち、「価値を大切にする金融実践者の会」（The Japanese Practitioners For Banking on Values）です。

そして、JPBVを立ち上げて間もなく、二人はバンクーバーに向かったのです。2016年当時、余裕の乏しかった私は江上さんに「いずれ、何か一緒にできればよいですね」と語っただけでしたが、いまや、私と江上さんとはGABV加盟、さらにはJPBVの運営において盟友と言ってもおかしくない関係を築きましたし、もはや江上さんはJPBVの名称にもあるように実践者の一人となっています。

私たちはいま、わが国にも次の時代の金融、持続可能性がある金融を築き、広めていくために、ともに走り続けています。その考え方や目指す将来の姿を多くの方々と語りあいたいと思っています。その思いから、私たちは今回、本書を執筆しはじめました。

第1章

GABVのミッションとバリュー・ベース・バンキング

——おカネの力で未来を変える

江上広行

出現する未来

2019年10月、この1カ月の間におそらく未来も語りつがれるであろう二つの出来事が日本に起きました。

一つは、度重なって押し寄せた台風の被害です。なかでも広い範囲で大雨の観測記録を更新し、各地に深刻な浸水被害をもたらした台風19号の勢いは凄まじいものでした。そのとき、東京都心を流れる荒川や隅田川は、決壊する寸前の氾濫危険水位に達していました。あとほんの少しのところで免れましたが、もし、もう少し雨がやまずにいたら、もしくはとっさの対応で隅田川の水門を閉鎖する*という判断をしていなければ、丸の内や新橋、銀座のオフィス街までもが浸水する危険があったそうです。そうなっていれば、首都圏の経済機能が相当のダメージを受けたことは間違いありません。すんでのところでそれは現実とはなりませんでしたが、一方で予想もしなかった長野県や福島県に被害が及びました。

＊隅田川の氾濫防止…台風19号が上陸していた2019年10月12日9時17分、隅田川の岩淵水門が閉鎖された。このときの咄嗟の対応が荒川、隅田川の氾濫を防止したといわれている。

台風の勢いが年を追うごとに猛烈になっていることに対して、それが地球の温暖化と無関係ではないことを多くの気象学者が発表しています。海水温度が上昇したことが大気中の水蒸気量の増加をもたらし、積乱雲を発達させるエネルギーへとなっていくのだそうです。

そして、その原因となっていることのひとつが、我々自身が必要以上に電気を使用していることによる温室効果ガスの排出です。

私もいま、この原稿を執筆するためにパソコンにコンセントに繋げて作業をしていますが、壁が電気を作ってくれているわけではありません。壁の向こうは発電所へとつながっていて、化石燃料が燃えているのと同時に私は文字を記録します。

私自身も温暖化を引き起こしている原因の一端であることには目を瞑りたくなります。私たちが安定した電力を求めるがゆえに、東日本大震災以降、原子力発電所の稼働減少分を火力発電所が補うことになり、結果、日本の化石燃料への依存度は87・4％（2017総合エネルギー統計）にまで増加しました。

気候変動の問題が複雑であるのは、私たち自身が問題を引き起こすシステムに組み込まれているからです。自分自身が被害者であると同時に加害者であるということが問題の解決をやっかいにしています。それは、人間が作り出した海の中の核廃棄物からゴジラが誕生し、ある日上陸してくるかのようです。私たちが無秩序に産み育てた台風が、私たちの町を襲ってきたのです。

私たちは、台風が唸る鳴き声から、どんなメッセージを受け取るべきなのでしょう。

今度は明るい話。もう一つの出来事は、日本で開催され、日本チームが活躍したラグビーのワールドカップです。日本初の決勝トーナメントへの進出をかけたスコットランドとの大一番は、10月13日、台風19号が上陸した翌日に、試合の開催自体が危ぶまれるなか、台風被害を受けた犠牲者への黙祷から始まりました。

ワールドカップでは、日本代表チームの半分近くが日本国籍を持たない外国人選手であったことが話題になりました。

競技を主催する国際競技連盟である「ワールド・ラグビー」が定める規定では、国籍よりも居住地を優先する原則があり、当該国で3年以上継続して居住しているなどの条件を満たせば、その国に帰化していない選手であっても、代表選手としてプレーすることが認められています。

代表チームのジェイミー・ジョセフヘッドコーチは「日本代表にはいろいろな国から来た選手が多く、その多様性はチームの強みの一つです」と発言しています。

人口減少が加速する日本では、これから移民などの外国人を受け入れ、多民族国家としてのパラダイムを取り込みながらイノベーションを生み出していくことが期待されています。

２０１８年に改正出入国管理法*が成立・施行されました。外国人労働者の受け入れについて、国は従来「高度プロフェッショナルの専門職」に限られていた枠を、「相当程度の知識または経験を要する技能」にまで広げ、5年間で最大34万人の外国人を受け入れる計画を立てました。

ラグビーで活躍する日本チームに日本の未来の姿がかぶって見えたのは私だけではないでしょう。

ワールドカップにかぶせてもう一つ、このタイミングに海外で起きていた出来事を

＊改正出入国管理法…2018年12月18日に成立、2019年4月に施行された。日本の労働者不足解消への効果が期待されている。

紹介します。

日本でラグビーワールドカップが行われていた同じ10月に、こちらはサッカーの女子ワールドカップの予選がイランの国立アザディスタジアムで行われていました。この試合では、試合そのものよりも観客席で起きていた出来事が話題になりました。これまでイスラム教の戒律で禁止されていた女性のスタジアムへの入場が40年ぶりに認められたのです。

そのきっかけとなったのは、直前に起きた悲しい出来事でした。厳格なイスラム体制下のイランでは、スタジアムで女性が男性のサッカー試合を観戦することは禁じられています。しかし、あるイラン人の女性がサッカーの観戦したさに、男装してスタジアムに入ろうとしたところを発見され警察に拘束されたのです。その女性は、不当な扱いを受けたことに抗議し焼身自殺を図って亡くなります。この事件に対し、国際サッカー連盟（ＦＩＦＡ）は抗議の声明を出し、これを受けてイラン当局はようやく重い腰を上げて、女性のスタジアムの入場に許可を出しました。

８万人の会場のうち、ほんのわずか、３５００枚ほど売り出された女性向けのチケットは数分で完売したそうです。男性とは区切られたエリアで試合を観戦した女性たちはブブゼラを鳴らして、「イランがチャンピオンだ」と叫んだりしながら試合を観戦したそうです。その効果だったかどうかはわかりませんが、その試合は14 - 0でイランが歴史的な大勝をおさめました。

社会課題の片棒をかついでいる金融機関

さて、金融をテーマにしている本書で、なぜこのようなエピソードを紹介しているのでしょう。ここで取り上げた、一見金融とは関係がなさそうな、気候変動や、外国人労働者の受け入れ、女性差別のような社会課題は金融システムとどのようにかかわっているのでしょうか。

金融とそれが扱う貨幣は、ヒトという生き物が頭の中にある妄想を現実のものにしていくために生み出されたものだとされています。ほかの生き物にはなく、ヒトだけが持っている能力のひとつは、未来を妄想することだそうです。そして、その妄想の実現手段としてヒトは言葉や貨幣を発明しました。「お金*」を稼いで人を支配したい

*「お金」と「おカネ」…本書では経済的な価値を表す漢字で表記する「お金」と、より広く人の意図やつながりを表すカタカナで表記する「おカネ」を区分して使用する。バリュー・ベース・バンキングは、経済的価値を示す「お金」だけでなく、意図を込めた「おカネ」を取り扱う金融と言えるだろう。

という欲望であれ、「おカネ」を使って人々を助けたいという慈愛であれ、人の心の中にある妄想の一つひとつが現実のものとなり、長い時間を経ていまの世界が作られてきました。

しかし、その妄想はヒトが制御できる範囲を超えてしまいます。地球上の資源の枯渇や気候変動はその代表的なものです。貨幣を使うどんな経済活動も、時間や空間を超えて未来の世界にインパクトを及ぼしていきます。しかもそれは、古典落語の「風が吹けば桶屋が儲かる」のように、その影響が時間や空間を超えて複雑に連鎖していきます。そして、その因果関係が見えにくいまま、我々の社会の持続可能性に幕をおろす準備をしています。

気候変動の問題は金融とは無関係ではありません、むしろ密接に関係しているとさえ言えるでしょう。

2019年12月、COP25（国連気候変動枠組条約第25回締約国会議）が開催される最中、国際NGOグループが温暖化対策に消極的な国に贈る「化石賞*」という不名誉な賞を、日本が受賞したことが話題になりました。

*化石賞…地球温暖化対策に前向きな取り組みを見せない国に対して、国際的環境NGO「気候行動ネットワーク」がジョークとして与える不名誉な賞。「化石」とは化石燃料を指すとともに、化石のような古い考え方との揶揄も入っている。

　この非難の矛先は、一義的には温室効果ガスを排出する事業者や対策に消極的な行政に対して向けられましたが、その事業に投資や融資を行う金融機関にも当然に責任があります。環境NGOであるレインフォレスト・アクション・ネットワークの報告によると、パリ協定*締結後の2016年から2018年の3年間で、日本にある33の銀行が石炭、石油、ガス分野で1・9兆米ドルの融資や債権の引受を行い、さらに過去2年間は融資・引受額が増加していたことを報告しています。

　財閥に由来を持つ日本のメガバンクは、石炭・石油業界と密接に関わり合いながらともに成長を遂げてきた歴史があります。現在も彼らの株主や融資先などのステークホルダーには温室効果ガスの排出に関わる事業者が多くいます。

　一方で、地方銀行は地域の電力会社とは密接な関係があり、たとえば火力発電所建設のために社債を発行すれば、その多くを銀行が引き受けます。そして、それらの銀行に私たちは大切なお金を預けています。

　移民や外国人の問題も金融と無関係ではありません。日本の銀行の外国人に対するサービスの質の低さ、もしくは基本的なサービスさえ提供できていないことはすでに

＊パリ協定…2020年以降の温室効果ガス排出削減等のための新たな国際枠組み。2016年11月4日に発効。歴史上初めて、すべての国が地球温暖化の原因となる温室効果ガスの削減に取り組むことを約束した枠組みとされている。

社会問題として表面化しています。

金融庁は2018年8月、外国人に口座開設や送金などの金融サービスを日本人と同じように提供するよう求める文書を金融機関に示しています。「外国人であることのみをもって、合理的な理由なく取引の謝絶などが行われてはならない」という内容です。

実際に私自身も、日本で新規事業を開始しようとしても日本国籍ではないというだけで融資を受けられず、取引ができる金融機関を紹介してほしいという相談を受けています。


女性差別の問題も同様に金融と密接に関係します。前述した外国人に対するものと同様に、ジェンダーやマイノリティに対する金融機関による差別はいたるところで行われています。たとえば、夫婦共働きの家族がマイホームの購入のために住宅ローンの申込みをするとします。そのとき夫名義ではなく、妻名義で借入申込みをすると審査が通りにくくなるか、もしくは夫の連帯保証を要求されるということが、いまだにいくつかの金融機関で起きています。

人種やジェンダーの差別だけではなく、所得や資産の格差を生み出す構造にも金融は加担しています。そもそも、金融は所得や資産の格差を拡大させる装置として機能するものです。たとえば、想像してみましょう。みなさんは、一生の間にローンなどで金融機関に支払う利息と、預金や投資などをして受け取る利息のどちらが大きいでしょうか。

貨幣経済研究者である堂免信義氏は、日本の勤労者世帯を年収の低いほうから1～10のランクに分割し、それぞれの金融資産および負債に対する受取利息・支払利息・配当の収支を試算しています。その結果、第1～8ランクでは収支がマイナスである一方、第10ランクの高所得者だけが大幅なプラス収支を得ていることが報告されています（次ページの図表参照）。つまり、金融は富むものをより富むものに、貧しいものをより貧しくしていく装置でもあるのです。そして、バブル崩壊やリーマンショックなどの金融危機が起きるたびに、上澄みがごく一部の富裕層に集中し、中間所得層が低所得層へと引き下げられる形で格差がさらに拡大していきます。

２００９年に開催されたＧ20ではすべての人が基本的な金融サービスを利用できる

図表　日本の二人以上勤労世帯における利子・配当の相対比

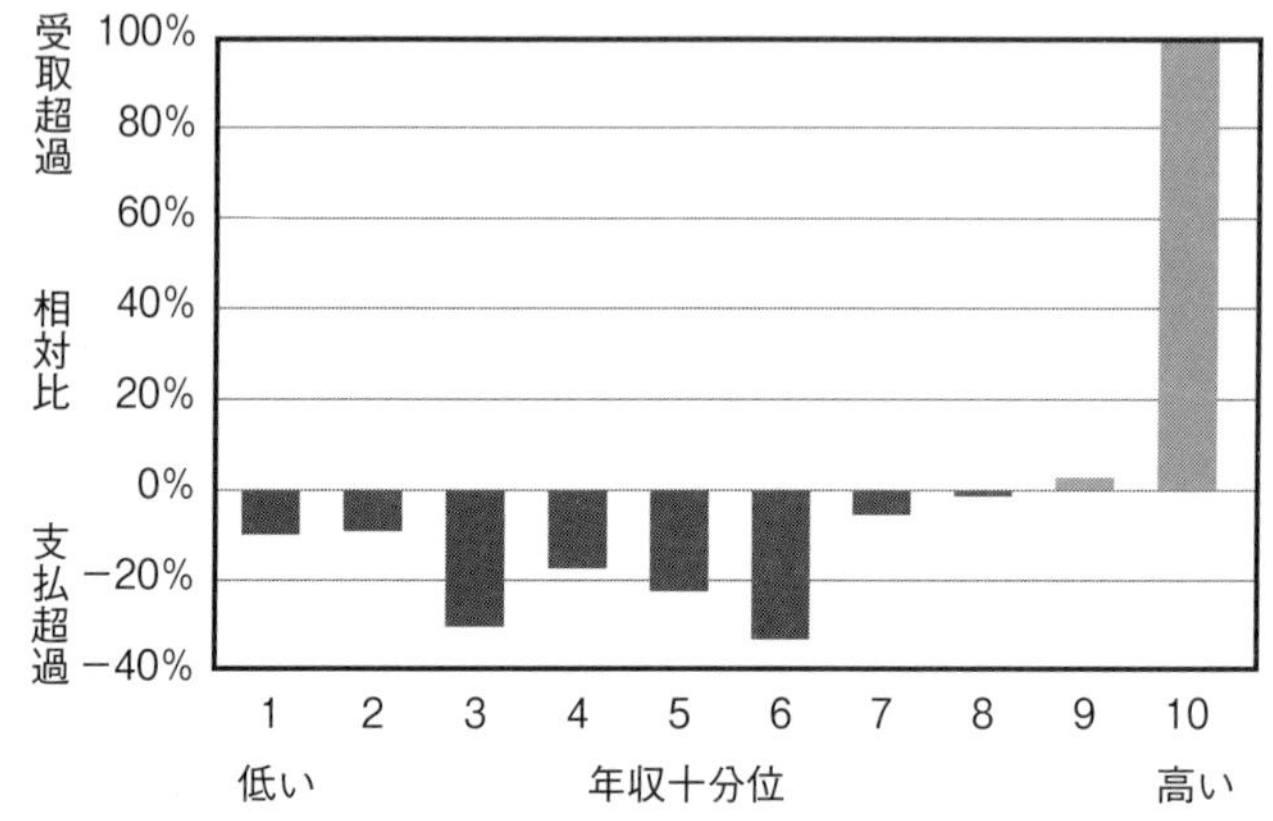

（出所：『現代の貨幣経済における経済格差拡大メカニズムの理論的考察」2018 堂免 信義 』）

ことを唱えた「金融包摂＊」という首脳声明が採択されました。日本でも金融庁が２０１６年の金融行政方針で「日本型金融排除＊」という言葉を使って、特定のセグメントに集中して過当競争を行っている金融機関の問題を指摘しています。

しかしながら、金融排除の問題の解決は業務規程などを整備すればよいという簡単なものではありません。金融機関で働いているバンカーそのものに多様性が少ないために、顧客を無意識のうちに排除してしまうのです。多様なサービスを提供できる組織は、その組織自体も同様に多様

＊金融包摂…世界銀行によると「すべての人々が、経済活動のチャンスを捉えるため、また経済的に不安定な状況を軽減するために必要とされる金融サービスにアクセスでき、またそれを利用できる状況」のこと。

である必要があります。

さて、ここまで述べてきたことは金融と社会の関係の複雑な因果関係のうちのほんの一部分を表したに過ぎません。金融機関自身が社会課題の片棒を担いでいる場面はあちこちで観察できます。

たとえば

○警察庁の統計によると、2017年、多重債務が原因と見られる自殺者は656人に達し、全自殺者に占める割合は2013年を底として増加傾向にあります。このタイミングは国内銀行のカードローン残高が急速に増加した時期と一致します。また、この年に41人の銀行員が自殺で亡くなっています。

○「非人道兵器」として使用や製造が国際条約で禁止されているクラスター爆弾*のメーカーに、日本の金融機関が多額の投融資をしていました。その額は2013〜2017年で2200億円に及び、この額はクラスター爆弾禁止条約加盟国のなかで日本が最大でした（その後投融資は停止されました）。

＊日本型金融排除…2016年10月に金融庁から公表された『平成28事務年度金融行政方針』に用いられている言葉。日本の金融機関が、収益を見込めたり担保力のある企業には優先的に融資するが、リスクはあるものの、将来性がある、もしくは地域になくてはならない企業への融資には消極的であることを指摘している。

○ジャングルを伐採して栽培される椰子を原料として作られるパームオイルの関連産業に対して日本の銀行が多額の融資をしており、自然破壊だけではなく、児童労働者の人権侵害を引き起こしています。

ＳＤＧｓに対する関心の高まりを受け、ＥＳＧ投資など「社会課題」に真剣に取り組む金融機関が増えてきています。また、地方創生の機運が高まる中で、「共通価値の創造」を掲げて金融仲介機能の強化に取り組む金融機関の事例も増えてきています。

しかし、金融機関は目の前のわかりやすい社会課題を解決しているように見えて、同時に別の社会課題を作り出していることに対しては関心があまり向きません。金融機関は社会課題を解決する以前に、「自分たちがどんな社会課題を作り出しているのか」ということにも向き合う必要があります。

ここで紹介している社会課題は気候変動一つとっても、途方もなく複雑で厄介な問題です。もし、金融がその複雑性の中で全体性を持ち、おカネの力を使って、世界に

＊クラスター爆弾…容器となる大型の弾体の中に複数の子爆弾を搭載した爆弾。広範囲に、無差別に子爆弾を撒き散らすため、その非人道性・残虐性が問題視されている。

変化を引き起こせるとしたら、金融はどのように再定義されるべきなのでしょうか。

金融を再定義しようとする人たち

２０１９年2月、カナダのバンクーバーに世界中から６００人を超える金融機関の経営者たちが集まるイベントが開催されました。序章で新田さんから紹介のあったＧＡＢＶのグローバルサミットです。

創設10周年として開催されたこのサミットで掲げられていたテーマは、ここまで述べてきた「出現する未来」と深く関係しています。

それは次の３つです。

○MIGRANTS　移民

the crisis of displaced persons and social inclusion

＝避難民の危機と社会的包摂について

○#METOO* #ミートゥー

gender and diversity issues

＝ジェンダーと多様性について

○MELTING ICECAPS 溶けゆく氷山

how climate change affects us all

＝気候変動が私たちに及ぼす影響

繰り返しますが、開催されていたのは、金融をテーマにしたバンカーが集うイベントです。世界各地から銀行の経営者が集っています。しかし、皆さんがイメージする金融機関の経営者であれば最も関心がありそうな、フィンテックやイノベーション、経営戦略、リスク管理などの話は脇に置かれています。

行われていたことは「持続可能性を失いつつある世界に対して、どうやって金融の力で根本的に異なる未来を作り出すことができるのか」についての対話でした。

これらは、地球規模の大きさを持ち、長期的で、予測が困難な複雑な問題ばかりです。これに対し、ＧＡＢＶに加盟しているのは、比較的規模が小さな金融機関ばかり。

＊#METOO…「私も」という意味。英語にハッシュタグ(#)を付したSNS用語。セクシャルハラスメントや性的暴行の被害体験を告白・共有する際に使用される。

GABVグローバルサミットのステージに投影された「MELTING ICECAPS」のグラフィック・レコーディング
http://www.gabv.org/news/global-banking-leaders-commit-to-align-their-carbon-footprint-with-paris-agreement

そこには、巨大な資金量を持つメガバンクはいません。

なぜ、彼らは世界中から集まってきて、すぐには解決できそうもない複雑な問題を自分ごとにして向き合おうとしているのでしょうか。このような社会課題は、国家やＮＧＯが取り組むべき問題として、見ないことにすることだってできるはずです。

日本でもＳＤＧｓを標榜する銀行が増えてきており、社会課題と金融を結びつけた議論も盛んになってきています。また、地方創生や、環境をテーマにした金融イベントが開催されることもあります。私も日本でたくさんの金融のイベントに参加し、運営したりもしますが、そのときバンクーバーで見たような光景にはなかなかお目にかかりません。バンクーバーで感じたのは、日本とは明らかに異なる、問題を本当に自分ごととしてとらえている参加者たちのポジティブなエネルギーでした。

日本で地方創生などをテーマとする金融イベントに行くと、登壇者や出席者は、いつも難しい顔をしています。本来は人々の幸せを願うテーマのはずなのに、どうしてこんなに難しい顔をして、地方創生のことを議論できるのかと不思議な気分にさせられます。幸せそうな顔をしていない人が、どうして人を幸せにすることができるでしょうか。

GABVサミットで語られていることは、地球規模でのもっと深刻なテーマのはずです。しかし彼らは、解決できるかどうかもわからない大きな課題に対して情熱を傾け、それらを自分ごととしてとらえ、対話を延々と繰り返すのです。

この違いは一体なんなのでしょうか?

イベントの冒頭でGABVのマルコス事務局長が参加者に対して投げかけた問いの中に、そのヒントがありました。

マルコスは大勢の参加者の前に立ち、全員目を瞑るように促すと突然次の問いを投げかけました。

Why are you here?
あなたは、なぜここにいるのですか？

私がバンクーバーに来たことには目的がありました。バリュー・ベース・バンキングの真髄にふれること、そしてそれを日本に持ち帰ることです。
私は銀行員としてキャリアをスタートし、そのあとコンサルタントとして銀行の業務改革をサポートする仕事をしてきました。
そして、たくさんの失敗と少々の成功を経て、いまの時代に金融を再定義するという役割が私に訪れました。この役割は誰かに与えられたものではなく、自分の内側からの意図として沸きあがってきたものです。

「自分は何者で何をなそうとしているのか」

マルコスの問いは私のなかでそう置き換えられました。

バンカーたちには、バンカーである前に一人ひとりの人間としての「本来の自己」があります。本来の人生の目的（パーパス）がある。そして「仕事」が「本来の自己」とその目的とつながって行動している時に人々は結束することができるのです。

人は解決できそうもない課題に向き合ったとき、本来の人間としての存在目的（パーパス）に繋がり、そして結束することができるのかもしれません。

バンクーバーで私が見たものは、人々の存在目的が出現している姿であり、それは私自身の内側にも出現しました。

GABVを誕生させたCEOたちの対話

それでは、そろそろＧＡＢＶにはどういう成り立ちがあり、どんなことをしている組織であるかについて説明していきましょう。

GABVの構想は、ハーバード大学で開催された会合に参加していた金融機関のCEOたちによるレストランでの会話から始まりました。そこにいたのはトリオドス銀行のピーター・ブロム氏など、もともと持続可能な金融のあり方について取り組んでいる銀行の幹部たちでした。

「社会的な取り組みをしている金融機関は規模が小さくても、それぞれが連携していくことでグローバル規模での金融システムを変えていく可能性があるのではないか」、そこではそんな対話がかわされました。その後、この対話にバングラデシュのブラックバンクやドイツの協同銀行であるGLS銀行などが加わります。彼らの中にあったのは、「金融をもう一度正しい形に戻すため、いまこそ手を繋いで声を上げねば」という強い意図でした。

組織の名称については、随分議論がされたようです。「ソーシャルバンク」*という名称は、米国では過激すぎるという印象があり、「サスティナブルバンク」という名称では、環境だけを強く連想しすぎてしまう。最終的に、多様な価値観を包摂する「バンキング・オン・バリュー」という名称で合意されます。そして、リーマンショックを経たのちの2009年、オランダのトリオドス銀行に10の金融機関が集まりGAB

＊ソーシャルバンク…明確な定義はないが、社会的な事業に投融資を行う金融機関のことを指す。エシカルバンク、オルタナティブバンクと呼ぶこともある。

V（Global Alliance for Banking on Value：価値を大切にする銀行の世界連携）が創設されました。

ＧＡＢＶは「十分なサービスを受けていない人やコミュニティ、環境に持続可能な開発をもたらすために金融を使う」ことを使命としてスタートしました。

その後、活動が活発化するとともにＧＡＢＶは金融業界で重要な役割を担う一員として認識されるようになりました。メディアでもより注目されるようになり、世界各地の金融当局に対する影響力も高まっていきます。

メンバーも徐々に増加していきます。当初は欧州や北米にある金融機関が中心でしたが、10年が経過した２０１９年12月現在時点では、それに加えてアジア、アフリカ、オーストラリア、ラテンアメリカで事業を展開する63の金融機関が加盟するに至りました(２０１９年12月)。日本の第一勧業信用組合はその中の52番目のメンバーでした。

２０１９年時点でＧＡＢＶは世界で６８５０万人近くの顧客にサービスを提供し、最大２１００億ドルの資産を保有しています。

＊マイクロファイナンス…貧困者向けに小口の融資を提供することで経済的な自立を促す金融サービス。途上国において発展が著しいが、日本にもマイクロファイナンスを手掛けるグラミン日本が存在する。

GABVに加盟している金融機関のビジネスモデルは様々です。

トリオドス銀行（オランダ）や、GLS銀行（ドイツ）のように環境や教育、地域支援など社会的金融の全般を網羅している銀行もあれば、再生エネルギーなどの環境の持続性に重きを置く銀行（オルタナティブ・バンク・スイッツランド…スイス）、倫理性や公益性を重視する銀行（バンクエチカ…イタリア）、貧困層へのマイクロファイナンス*のサービスを主に提供する銀行（ブラックバンク…バングラデシュ）、イスラム金融（バンク・ムアマラート…マレーシア）、地域コミュニティのエコシステム*構築を目指す銀行（マグネットバンク…ハンガリー）などがあります。

GABVに加盟している金融機関は、それぞれの地域やコミュニティが抱える固有の社会課題に対峙しながら、持続的に利益をあげられる金融サービスをビジネスとして提供しています。それぞれの社会課題やビジネスモデルは固有のものですが、GABVというネットワークに所属することにより、バリュー・ベース・バンキングを互いに学び実践する行動力を高めあうことができます。金融機関の顧客にとっては、新しい金融サービスの選択肢が生まれます。GABVは、金融機関が社会の健全で生産

＊エコシステム…Ecosystem。もともと自然界における生態系を表す言葉だが、ビジネスでは、「複数の企業や利害関係者、モノが有機的に結びつき、循環しながら広く共存共栄していく仕組み」という意味で用いる。

的なシステムであることを保証し。様々な課題を生み出してきた現在の銀行システムに対する、ダイナミックで実行可能な代替手段を開発しているのです。

GABVのミッション

ＧＡＢＶは多様なビジネスモデルを持つ金融機関のネットワークですが、最上位にあるミッションは共有されています。それは、一人ひとりの市民が潜在能力を発揮しうるコミュニティの構築を金融機関が支援することです。そして、そのことによって持続可能な経済、社会、環境の開発を実現する手段としておカネの力を使っていくというものです。

バリュー・ベース・バンキングのバリューとは、経済的な価値だけではなく、一人ひとりが持っている未来への願いを一体となって実現していくプロセスのことを指しています。これは、全人類が当事者として参画して持続可能な社会へと導こうという点で、ＳＤＧｓと共通する部分も多くありますが、ＧＡＢＶはそれが国連で採択される前から、フロントランナーとして金融分野での活動を始めていたのです。

２０１９年に国連環境計画金融イニシアティブ（ＵＮＥＰ ＦＩ）が「国連責任銀行原則（the Principles of Responsible Banking）」を公表していますが、この原則の草案にもＧＡＢＶは大きく影響を与えています。「国連責任銀行原則」とは銀行と社会の持続的な発展を目指し、ＳＤＧｓやパリ協定で示されている社会の目標に対し、ポジティブ・ネガティブ両面で重要なインパクトを及ぼし得る分野を特定し、そうした分野に対する取り組みに沿った戦略・目標を設定・実行し、透明性のある開示を行うためのフレームワークを提供しているものです。

ＧＡＢＶではバリュー・ベース・バンキングを目指すためにメンバーが共有すべきことを６原則としてまとめています。

この６原則の具体的な内容については、第３章で詳しく触れていきます。

ＧＡＢＶに加盟している金融機関の大半は株式公開をしていません。いわゆる協同組織金融機関が多く、トリオドス銀行のように、株式を管理する財団が保有しているケースもあります。

そのため、ＧＡＢＶメンバーは比較的規模が小さな金融機関が多くを占めています。メンバーである金融機関の総資産の平均は22億ドルですので。日本の信用金庫の総資産の平均とも近い水準です。規模がもっとも大きいのは、フランスのコミュニティバンクであるクレディ・コーペラティフで、それでも総資産は２・６兆円と日本の地方銀行程度の規模です。

ＧＡＢＶが始まった時からずっと大切にしていることはＣＥＯが個人としてつながるネットワークです。そのため、加盟の審査ではトップとの面談が必ず設定され、加盟後は年次総会に参加することが条件となります。同様に、現場の担当者や専門家たちがともに学び、実践するためのコミュニティも多く設置されています。

第2章

GABV、そしてJPBVで我々は何を目指すのか？

対談　新田信行×江上広行　〈前編〉

バリュー・ベース・バンキングを学び、実践する場を

——お二人は、2018年10月にJPBV（価値を大切にする金融実践者の会）を設立しました。JPBVは何を目指して、いかなる活動をしていくのでしょうか。

江上　いま、世界中で人類とこの惑星の「持続可能性」について議論がされています。国連が提唱しているSDGsは、この惑星にいるすべての人が「地球という惑星を持続可能にできるか」の当事者であるということがコンセプトになっています。もちろん、金融の領域で働く私たちも例外ではありません。

世界では持続可能な金融のあり方が問われていて、活発な活動をしている金融機関の事例もあります。日本だと直接金融の分野でESG投資が注目されるようになりましたが、意外に話題にならないのが、間接金融、つまりバンキングです。しかし、世界を見渡してみると、預金を通して金融仲介を行う間接金融においても、持続可能な社会の実現を目指すムーブメントが存在しています。その代表とも言える

のがGABVです。

GABVが大切にしているのは、その名前にも含んでいる「バリュー・ベース・バンキング」（価値を大切にする金融）というコンセプトです。

バリュー・ベース・バンキングのバリューは銀行の企業価値のことを言っているのではなくて、銀行とそれを包み込むシステム全体の、必ずしもおカネで測れない価値も含めたものです。その一番大きなものは地球の持続可能性という価値です。身近なところでは、コミュニティの信頼価値です。バリュー・ベース・バンキングは銀行を含むシステムに持続可能な変革をもたらすために、おカネという道具、金融という手段を使っていこうという考え方です。

バリュー・ベース・バンキングが生まれてきた背景には、世界が複雑さを極め、未来が予測しづらくなってしまったことがあると思います。金融はその複雑性に追いつけないばかりか、リーマンショックのように持続可能性を棄損することさえ引き起こしてしまいました。そこで、複雑なものを複雑なまま認識して、おカネの力を借りて過去の延長ではない未来を自分たちの意図で作っていこう、そして、これまでとは根本的に違うアプローチで金融を再定義しようとしているのがバリュー・

ベース・バンキングです。

私は、GABVを知り、日本にメンバーがいないことを知ったときから、日本にこういう銀行が誕生してほしいという願いを持っていました。ですから、実際に第一勧信さんがGABVに加盟するお手伝いができたことはめちゃくちゃ嬉しかったのです。

これをきっかけに、GABVが世界で行っているいろいろな活動を詳しく知ることになりました。そして、それを知れば知るほど、具体的に日本でもこんなことをやりたい、あんなことを起こしていきたい、という気持ちがまたむくむくと湧き上がってきて、そこで思い立って設立したのがJPBVというわけです。JPBVはバリュー・ベース・バンキングをともに学び、実践していくことを目的としています。

金融本位のロジックが問い直される中で

――話を進める前に、GABVとは何かについて、もう少し説明してもらえますか。

江上　簡単に説明すると、世界が持続可能な形へと変容することを目指す金融機関の国際的な組織ということになるでしょう。その誕生を促すことになったのが、２０08年に発生したリーマンショックです。個人や組織が利益を上げることに翻弄され、金融機関がそれを加速させることで金融バブルが生み出され、それが破裂したのがリーマンショックでした。金融は直接・間接にいろいろな社会課題も引き起こしました。気候変動や貧困・移民の問題、ブレグジットなど世界の分断が加速した裏側には金融が存在していました。金融が自分たちと顧客の利益の最大化を目指し続け、それこそが唯一のモデルであるという金融本位の価値観は、限界を迎えていました。だから、それが行き着いたところでの金融の再定義が必要だったのです。

オランダのトリオドス銀行やドイツのGLS銀行など、それまでも社会的かつ持続可能な金融を実践してきた金融機関のトップが集まって組織化されたのがGABVでした。たとえば、トリオドス銀行は自然・環境分野などの融資で持続可能な社会の実現を目指しています。GLS銀行は環境、社会を重視するドイツで最初のソーシャルバンクとして設立されています。このほか、メンバーの金融機関のなかには、貧困層やマイノリティーへのローン提供などを経営の目標に掲げ、それを実践している金融機関もあります。

つまり、GABVは、持続可能な経済・社会・環境の発展に対して融資を行うという使命を有する銀行および協同組合をメンバーとして設立された非営利の集合体というわけです。本部はオランダに置かれていて、議長にはトリオドス銀行のCEOのピーター・ブロム氏が就いています。

リーマンショック後、世界では国連でSDGs宣言が採択されるなど、環境、社会問題等々、地球が抱えた問題の解決に向けた議論とその取り組みが広がっていますが、GABVはその動きに先駆けて誕生した金融領域での国際ネットワークと言えるでしょう。

GABVは金融機関を経営するトップ同士の交流を大切にするフレンドリーな組織ではありますが、誰でもすぐに加盟できるわけではありません。むしろ、簡単ではないと言ったほうがいいでしょう。バリュー・ベース・バンキングをどのように実践しようとしているかについて厳しい審査があり、トップ面談を含めてその資質があると認定されて、ようやく加盟が許されるのです。

私は２０１７年に『対話する銀行』という本を書いたのですが、その中でＧＡＢＶに加盟する銀行が日本にも誕生してほしいということを述べていました。それを書き終えた感想などを自分が運営するブログにアップしたところ、偶然にも友人の川島陽子さんという方が、ＧＡＢＶに関わっている人とつながっていて、そのブログを英訳して私の本のことをその方に紹介してくれたのです。そして、その方がたまたま来日した際、「ＧＡＢＶの中枢の人物を紹介するから、本部があるオランダに行くといい」と声をかけてくれたのです。

そしてこれまた、たまたまなのですが、私の友人で、熊本で「ゆずり葉*」というう地域クラウドファンディングの運営をしている清水菜保子さんが、ＧＡＢＶに加盟しているドイツのＧＬＳ銀行を一緒に訪問しないかと誘ってくれたのです。清水さんとご縁がある、ＧＬＳ銀行を含む社会的金融のことに触れた『新・贈与論』（コモンズ刊）という本を著した林公則さんが、刊行の挨拶に同行を訪問するのに相乗りするという企画でした。

もう、いろんな人の縁がつながって流れが来ているなと感じました。私はオランダ・ドイツの訪問を決断するとともに、単に視察するだけではなく、日本にもこん

＊一般社団法人ゆずり葉…「温かいお金をめぐらせ、夢を共有する社会を目指す、ソーシャルファンディング」をコンセプトとしている。クラウドファンディングのほか、地域コミュニティでの対話会やまちづくり応援の事業も行っている。

な金融機関があるという話をＧＡＢＶにしたくなりました。そこで、新田さんに「ＧＡＢＶに日本の金融機関として、第一勧業信用組合を紹介させてください」とお願いしました。さらに「一緒に行きませんか？」とお誘いしたような気がします。新田さんはご多用だったので帯同はかなわなかったのですが、第一勧信さんの取り組みを英語にしたプレゼン資料を準備しました。私は英語が不得意だったので同僚たちが翻訳を手伝ってくれました。

ＧＡＢＶの本部はオランダのザイストという森の中の小さな町にあります。トリオドス銀行の中にその本部があるのです。面談の席にはＧＡＢＶの議長でありトリオドス銀行のＣＥＯであるピーターも来てくれました。私たちはピーターたちに第一勧信さんのことを紹介しました。「芸妓ローン」の話をする時はＧＥＩＳＨＡという言葉に誤解が生まれないように気を使いながら話しました。するとピーターたちはとても関心を示してくれました。

そのときＧＡＢＶは、ちょうどアジアへの関心を高めていてアジアパシフィック地区部門を新設したタイミングでした。東アジアの中国、韓国、日本にはＧＡＢＶに加盟している金融機関はまだありませんでした。まさにグッドタイミングだったわけです。

新田　２０１７年9月のことでしたね。

江上　はい。そうですね。そういう経験をしたわけですから、帰国したときには、かなり気持ちが盛り上がっていました。恰好よく言うと、使命感みたいなものを感じていました。帰国後すぐに新田さんのもとを訪れて、「ＧＡＢＶに加盟しない理由はないでしょう」というような高いテンションで提案したのを覚えています。

いまだから正直に白状しますけど、そのとき、私としては、緻密に戦略を考えていました。第一勧信さんのＧＡＢＶへの加盟をサポートするプロジェクトの仕事をいただくための提案書を作成したのですが、新田さんはまだ、判断を決めかねている感じだったので、提案書には「申請資料を作成する練習をしましょう」というこじつけのような書き方をしました。動き始めれば、絶対に止まらないだろうと踏んでいたのです。

新田　私は強く迫られることに弱いんですよ（笑）。そのときも、加盟の決断を迫ってくる江上さんに「わかった」と答えて、とりあえず予算を割り当てて江上さんに加盟準備のプロジェクトチームを委託しました。もっとも、その段階では、絶対に加盟しないといけないという感じはまだ私にはありませんでしたけど。

ただ、GABVのことをもっと知りたかったことは間違いありません。当時、私は、当組合が将来に向けて「持続可能であるのか」ということを考え、悩み続けていましたから、参考になるようなことは何でも知りたかったのです。

したがって、私がGABVについて本格的に学び始めたのは2018年になってからということになります。2018年の前半、GABV加盟に向けて、江上さんの指導の下で、GABV方式のスコアカード策定に当組合の職員たちが取り組みました。このあたりのことは序章にも書きましたが、これは大変な作業でした。

スコアカードは、先ほど紹介したGABVの6原則に関連する問いへの回答を書くもので、GABVに加盟するための一種の試験のようなものでした。

何が日本の金融に閉塞感をもたらしたのか

江上 新田さんはいつも、日本の金融機関に元気がないことを憂いていらっしゃいますが、私もそうした閉塞状況への危惧があって、それでGABVや、JPBVの取組みに向かっていった面があります。いまの日本の金融の閉塞状況について、新田さんはどのようにお考えになっていますか。

新田　一つには、多くの日本の金融機関が内向きになりがちで外に開かれていない、ということがあると思います。外部のことを学んでいないといったほうがいいかもしれません。なぜ、前と外に目が向かないのだろうか。「前」とは未来であり、「外」とは海外や、金融以外の領域のことです。

金融はあらゆる分野につながっています。海外のことは気にかけず、日本で目の前のことだけに取り組んでいるつもりでも、どこかで世界とつながっているのが金融です。「着眼大局、着手小局」という言葉がありますが、金融は本来、大局観なしには持続可能かどうかを考えることはできないものなのです。

私は臆病な経営者です。わからないことがあると不安になるし、どうしても知りたくなります。私はそのために、後ろと内ではなくて、前と外に目を向けたのです。いま、海外ではどうなっているのか。どうしたら私たちは将来に向けて持続可能に生きていけるのか。あわせて多少不遜になるのですけれども、日本の地域金融全体をなんとかしないといけないという思いも抱くようになっていました。

それは、金融はつながりのビジネスだからということもありますし、その実践として、すでに他の金融機関との様々な連携に取り組んでいたからかもしれません。その過程において、第一勧業信用組合が単独で生きていけるわけではないということを再確認できていました。連携先も元気に生きてもらわないと困るのです。そうすると、結局、日本の地域金融機関がみんな活性化して生きていないといけないという話になります。

これは地方創生にも通じる考え方です。地方がすべて疲弊したとき、東京だけで生きていけるのかと言えば、そんなことはあり得ません。地方が元気に生きていけるからこそ、東京も生きていけるのです。つまり、常に目を内側にだけでなく、外側にも向けないといけないのです。こうした考え方に基づく金融のあり方を、私は「開かれた金融」と呼んで実践してきました。

話はGABVに戻ります。当組合は2018年7月にGABVへの加盟を果たしました。そして、2018年11月にはGABVのアジアパシフィック地区大会*でクアラルンプールを訪れました。

その年6月にGABVの代表者たちが当組合にやってきたのですが、そのとき、私は彼らが私と当組合を見極めに来たのだなと感じました。つまり、私の対応次第では、加盟は実現しないだろうと思ったわけです。そこで、私は開き直って、遠慮することなく、彼らに私が考えていることをすべて語りました。そして、加盟が実現し、数カ月後にクアラルンプールで彼らと再会したとき、私はいきなり「ノブユキ」とファーストネームで呼ばれてハグされました。

そのようなフレンドリーで開放的な姿を見るにつけ、私はなおさら、日本の地域金融機関が愛おしいというか、大切であるという思いが強まりました。日本の地域

＊GABVアジアパシフィック地区大会…GABVでは、年次総会のほか、年に1回、地域ごとの総会が開催される。アジアパシフィック地区大会は、2018年にクアラルンプール(マレーシア)、2019年にコチ(インド)で開催された。

金融機関はともすれば内向きになりがちですが、私にとっては、とても大切な仲間なのです。私のこの意識は、江上さんからＪＰＢＶ設立の相談を受けた際に協力する気持ちになった原点とも言えます。要するに、日本の金融の閉塞状況にある原因は明確なのです。原因が明確であれば、それを克服していくこともできます。私は決して諦めてはいません。

社会の変化に追いついていない金融

江上　いま、社会の複雑性が加速度的に高まっていることを感じます。そのスピードに金融機関は明らかに追いつけていないでしょう。

デジタル化をはじめとするテクノロジーも指数関数的に進化をしています。たとえば、シンギュラリティ*という言葉にあるようにＡＩ（人工知能）が人間の頭脳を超えるということが、かつてないほど現実味を帯びて唱えられています。

また、日本は、世界のどの国も歴史上経験していない人口減少と少子化・高齢化という三重苦が同時に発生している国です。わかりやすい答えなど誰も提示してく

＊シンギュラリティ…「特異点」という意味。米国のIT研究家・実業家のレイ・カーツワイルが「人工知能がこのまま学習機能を高めていくと人間を超えるタイミングが本当にやってくるかもしれない」と説いたことが最近話題になり、この言葉がよく使われるようになった。

れない状況です。だから、社会の変化と金融機能のギャップがことさら激しく現れてこざるを得ないのです。それが金融分野における閉塞的な状況の背景にあるんだと思います。いまは銀行員という仕事が必要ないということまで語られるようになっています。こんな状況は過去にはありませんでした。

世の中が指数関数的な変化を遂げているにもかかわらず、日本の金融機関の直線的な進化は圧倒的にビハインドな状況です。いまのビジネスモデルのなかで、生き残りのために合併や統合を繰り返しても、それは時間稼ぎ以上のものではありません。

30年前までの金融業界はジグソーパズルの出来上がりの絵が示されているようなわかりやすい正解があった時代だった思います。バンカーは、出来上がりが設定されているなかで、ただピースを埋める仕事をしていればよかった。そのあと、バブルが破裂し、不良債権問題が表面化した時代が訪れますが、そのときはジグソーパズルの絵は管理・監督を強化しようとした金融庁が描いてくれました。

リーマンショック以降は人口が減少し、市場が縮小していく時代へと突入して、金融機関は競争に勝つための生き残り戦略を考える必要に迫られています。しかし、その絵を描くことにとても苦労しているのです。それはそうでしょう。金融機関は戦後、自分で自分の絵を描くことをしてこなかったわけですから。

そうなるとやることはひとつ、競争に勝つことです。競争に勝つために現場にノルマを課して人を道具のように扱います。人を機械のように扱う組織には、「努力」はありますが、「情熱」はありません。そして、競争戦略の観点から仕組みや組織をつくるというパラダイムでは直線的な変化しか引き起こせません。

新田さんは幸福学に強い関心をお持ちですが、私の思考の原点も幸福です。しかし、それは「いいことをしよう」「みんなが幸せになろう」という話をしたいのではなくて、人々の幸福を起点として物事を考えたほうが本来の人間としての仕事ができるからです。その時、組織の中で、人は機械ではなく本来の人間になります。出来上がりが決まっているジグソーパズルではなく、広く真っ白なキャンバスに自分の絵を描き始めます。

競争にどう生き残るのか、という文脈よりも、どうすれば人々は幸せになることができ、そのためにどうすれば人々は一体感を生み出せるのか、どうすれば明るい未来を築くことができるのかという文脈で金融を語ることは何も青臭いことではありません。それを実際にやっているのがＧＡＢＶだと思うんです。

金融機関の多くが、株価を気にしながら、競争に勝つことを目的とした戦略で生き残り続けようとしています。しかし、本当に生き残るためには、内向きに組織や業界のなかだけを見ようとする枠組みを越えて、世界で起きている状況をあるがままに見ることだと思います。ＧＡＢＶは小さな金融機関が集まったに過ぎないネットワークですが、地球規模で経済・社会・環境のことを考えています。

組織を進化させるためにリーダーが最初に乗り越えるべき壁は、世界をあるがままに観察し、あるがままに感じるようにすることです。とても抽象的な表現ですが。

世界をあるがままに見ていないというのは、従業員の願いや痛みにも寄り添っていないということですし、お客様が何を考え、何に苦しんでいるのかについて、頭では考えるものの、感じることができていないということなのかもしれません。

気候変動や貧困の問題に対しても同様です。それは、その問題を自分とは切り離して頭の中で考えているということであり、腹の底から感じ取ることをしていないということだと思います。すぐそこにある問題に対しても。

新田　それは一部の日本の経営者にあるサラリーマン体質も関係してくるでしょうね。もちろん、経営者というのはしんどいものです。そんなしんどい思いをすべての人間が背負い込む必要はないでしょう。しかし、その一方で、経営者の席に座っている人があたかも上司のいるサラリーマンのような気持ちでいたら困ります。これは金融業界に限らないことかもしれませんが、このあたりのことも、日本の停滞や閉塞感に関連しているように思わざるを得ないときがあります。

経営者というのは最も上にいるわけですから、本来、外と下を見なければいけない立場です。ところが、組織の中で一貫して内側と上を見てきた人はその組織的な論理から抜け出せず、いつまで経っても内向きで上ばかり見がちなわけです。

ＧＡＢＶの価値観を日本に広げていきたい

――パラダイムシフトによって、そのような事態を脱却するためにも、ＧＡＢＶ、そして、ＪＰＢＶが目指すバリュー・ベース・バンキングへの認識が重要であるというわけですね。

江上　はい、そのとおりです。たとえば、ＧＡＢＶを訪問してあらためて思ったのは、お会いできたＣＥＯなど経営者の方々がネットワークを大切にしていて、相互のつながりを重視しているということです。しかも彼らは、役割ごとの機能分担によってつながっているわけではありません。人間と人間がつながっている。そこがすごいと思いました。このことは人間らしく働くという意味でも大きなテーマに思えます。

新田　ＧＡＢＶに加盟して感じたのは、なぜこの組織が、こんなに世界に広がっているのかということです。その理由は、ＧＡＢＶがＣＥＯによるフレンドシップの会だということにありそうです。みなさんが多様性を持ち得ていて、個性が強い。それでも、そんな個性の強いＣＥＯたちが、実にフレンドリーに付き合っている。逆に言うと、個性の乏しいトップはあの組織には入れないと思います。

世界の金融業界のなかでも、ＧＡＢＶに加盟しているような金融機関のトップは個性的です。みなさんが自分の言葉で語りながら「バリューは何か」「プラネットは大丈夫なのか」「ピープルにどうするのだ」という青臭い議論を一日中している。「環境よりも貧困問題が重要である」とか「カルチャーがすべてである」とか激論しているわけです。ところが、翻って日本ではどうなのか。没個性になってはいないでしょうか。

私は、そうしたＧＡＢＶ加盟の体験からも、日本の金融マンに「多様性の時代なのだから個性を取り戻せ」と言いたいのです。「自分の顔で、自分の頭で、自分の言葉で語りなさい」と。

そこで、ＧＡＢＶの価値観を日本においても広げていきたいという思いもあり、江上さんの声かけに応じてＪＰＢＶの立ち上げに動いたのです。

金儲け目的の金融ではプライドを持てない

――JPBVの立ち上げは、具体的にはいつごろから考えていたのですか。

江上　GABVの活動を知り、新田さんが加盟を決意したころから、GABVの理念を日本にも浸透させるための組織を作りたいと考えていました。そして、第一勧信さんの加盟が実現したことを弾みとして、一挙にJPBVの立ち上げに動き出しました。バリュー・ベース・バンキングを広め、閉塞感がある日本の金融を再定義するムーブメントを引き起こしたいという思いが原動力となりました。ただ、組織にはコアとなる人が必要です。私は新田さんしかいないと思って、共同発起人をお願いし、さらにはJPBVの議長就任をお願いしたわけです。新田さんは快く引き受けてくださいました。もう一人の共同発起人として声をかけたのは、私の友人であり、地域で地方創生の活動を続けていた渋谷健さんです。彼も全力で私たちのことを応援してくれました。

――お話を伺っていると、バリュー・ベース・バンキングとは、金融そのものの目的を再定義しようというものだと感じます。

新田　そのとおりです。そもそも私は、金融というのは素晴らしい仕事だと思っています。いま、改めて職業を選択する立場になっても、やはり私は金融を選択するだろうと思います。

むろん、金融は目的ではなく手段であり、金融自体が単独で価値を持つとは私は思っていませんが、金融は価値あることを行うための重要な手段です。いくら良い未来を作ろうと思っても、金融なしではそれを実現することはできないでしょう。たとえば、街づくり、あるいは社会的課題の解決、創業支援、ＳＤＧｓ等々、そのような価値あるものの実現を志すうえで、金融は不可欠です。そこで求められるのがバリュー・ベース・バンキングであり、私たちは、そうした金融に携わることにプライドを持ち、誇りを持っています。

たしかに金融には、金儲けを目的にする一面もあります。しかし、金儲けを最終目的にする金融では、誇りやプライドを持つことはできないでしょうね。

いま、金融人が誇りを持てない、プライドを持てないという話がありますけど、これは金儲けだけのための金融をやっているからではないでしょうか。つまり、バリュー・ベース・バンキングに取り組むことは、それに携わるバンカーに、誇りとプライドを取り戻すことにもなるはずなんです。

そこでGABVの話をすると、加盟金融機関のみなさんは自信、プライドを持っています。中南米、インドなど貧しい国で金融に携わっている人たちは、自分たちが国、社会、世の中を改善しているという矜持を持っていて、そのうえでお互いを認め合い、フレンドシップと言えるつながりを作り上げています。これはGABVの強さでしょう。

リーマンショックのあと、利益至上主義の投資銀行などが方向性を見失っていくなかで、世界の大きな潮流として力を増しているのが、バリュー・ベース・バンキングにほかなりません。ところが、先ほどの話のように、日本では閉塞感が蔓延して先が見えなくなっていると言う。あるいは、バンカーが自分の仕事に誇りを持てなくなっている。そういう人たちに、もっと視野を広くすれば、じつは自分たちは素晴らしいことができる。世界には様々な金融が厳然と存在しているのだということを知ってもらいたいのです。そのためにもJPBVの活動はきわめて重要であると、いま私はそんな気持ちを強くしています。

自分たちの役割を再定義することが必要

江上　ちょっと話がそれますけども、バンクの語源はベンチ（長椅子）だそうです。投資家やお金を預けたい人と対話をする場所という意味からきているそうです。銀行の三大機能というと、教科書には、決済、信用創造、*金融仲介という3つの機能が書いてあります。そのうち、私は金融仲介と信用創造を再定義したいと考えています。決済は、キャッシュレス決済などの取り組みが進展していますが、そちらの専門家にお任せしたいと思います。

間接金融にはお金を何倍にもできる信用創造の効果があります。金融を虫眼鏡にたとえる人がいますが、金融というのは、人の意図を増幅する装置です。欲望を増幅することもあれば、愛を増幅することだってできる。お金自体は無味乾燥で、それ自体は何の意図も持っていません。それを持っている人の意図を取り込んでそれを増幅させていくのが金融です。つまり、金融の良し悪しを判断するには、それを

＊信用創造…銀行が貸付によって預金通貨を創造できる仕組みのこと。銀行が貨幣経済において果たす重要な役割のひとつとされている。

保有し、使う人の意図こそが重要な要素になるわけです。

では、いままでの金融はどんな人の意図を増幅してきたのでしょうか。主だったものは人が持つ「お金をたくさん蓄えたい」または「お金をたくさん稼ぎたい」という欲求でした。その意図を持つ人と人との間に入って、集めてきたお金を壺の中に入れ、いろんな情報処理をして、時間と空間を超えてお金を増やして、裏側から世界を創造してきたのが銀行という仕組みです。

ところがいまは、かつてのようには成長しない社会に変わってしまっています。もはや、「お金をたくさん稼ぎたい」という多くの人の欲求を満たせるほどのパイはなくなってしまいました。にもかかわらず、金融が自己目的に儲けを凶暴に追求した揚げ句、リーマンショックが生じたわけです。

それではいま、そしてこれから金融は人間のどんな欲求を増幅させる装置として機能すればいいのでしょうか。「人々が信頼で繋がりたい」「これから生まれてくる子供たちに幸せな世界を残したい」——バリュー・ベース・バンキングはそんな価値を増幅させていくために金融を機能させます。そんな美しい意図のためにおカネを使いたいと思っている人を探してきて、その人たちを仲介する金融がバリュー・

ベース・バンキングです。もし、金融がそんな仕事であれば、銀行員はプライドを取り戻せるでしょう。

いま、銀行員がプライドを持てなくなったのは、「お金をたくさん稼ぎたい」という人たちをつなぐ仕事しかしていないからです。持続可能な社会をつくるという役割を銀行員が当事者として担うようになれば、新田さんがおっしゃるようなバンカーのプライドはすぐに取り戻せるのではないでしょうか。

実際、GABVに加盟している金融機関のリーダーたちは、プライドを持って、楽しそうに仕事をされています。2019年2月に、新田さんとバンクーバーに行ってGABVのグローバルサミットに参加したとき、それをとても実感しました。

新田　たしかに皆さん、胸を張っていたのが印象的でしたね。

そもそも、「豊かな社会を築いていくのが地域金融機関の役割である」と定義したとしても、その豊かな社会という概念が変わってきています。かつては最低限の生活のために冷蔵庫が欲しい、洗濯機が欲しい、テレビが欲しい、車が欲しいという時代もありました。これも豊かな社会への願望であり、そのときの金融機関はそうした製品をつくり出す産業に資金を提供しました。産業金融としての大きな役割があったに違いありません。

しかし、いまの時代、すでに物は飽和状態となってしまっています。そこで私たちは、「豊かな社会」に向けて何を提供すればよいのでしょうか。物やお金ではありません。それらに代わって人やサービス、もしかしたら心のようなものを、おカネという手段を使って、いかに提供できるのかが問われています。

これはパーパス（目的）の問題と置き換えてもいいでしょう。日本が成熟した一流国家に変わったという意味でも、目指すものは随分と変わってきています。それに対して、金融機関がそれをきちんと意識して、その目的の達成に資するように、私たちは私たちの役割を再定義し、なんのために存在しているのかを問い直さなければなりません。豊かな未来、あるいはみんなが幸せに感じる社会をつくることに貢献する。これが、金融が「よみがえる」ということなんだと思うんですね。

このあたりのところをしっかり考えてやっていかないと、戦術というか、現象面だけをとらえて、こうやったら儲かるとか、そういうハウツーの世界に陥ってしまう。本質が見えなくなってしまう。それでは、持続可能なビジネスモデルをつくっていくことはできません。

江上　そういうことでしょうね。

新田　同じ施策を打っても、理念やパーパスが違っていると、やはり持続可能性は変わってきますからね。最近は金融庁も、「監督検査に行ったら理念を聞け」って言っているみたいですね。

理念は「心の接着剤」

江上　理念の話が出たので少し視点を変えた話をすると、理念やパーパスがない、あるいは共有されていない組織には、人間関係が悪くなるという共通する症状があります。単に利益を稼ぐためにだけ働くことになるので、仕事がつまらなくなり、社員は道具のように扱われるようになり、そうすると、働く者のプライドは失われ、さらには人間性も損なわれるようになる。組織全体が病んでくるのです。

一方、理念、目標、パーパスがきちんと組織に共有されていれば、そこに向かって働く者たちの一体感が生まれます。

私はサッカーが好きで、観戦にもよく行くのですが、サッカーチームだって、優勝するという目標があるから、それを目指してチームワークが出来上がるわけです。企業も同じで、理念を進化させていこうという意図に沿ってこそ、本当に組織としての一体感が生まれるものです。

先ほども言いましたが。かつて金融機関は自分たちで経営理念を打ち立てる必要などありませんでした。国が与えてくれたり、社会が求めているものが明確だったりしたので、それに応じていればよかったわけです。経済成長というわかりやすい価値観があったので、その流れに乗っていればよかった。しかし、いまはそうではありません。かつてのような成長は期待できず、違う価値観を自分たちで見出さないといけなくなっています。

この点、ＧＡＢＶのメンバーたちは、自分たちで自分たちの理念を打ち立て、その理念によってつながっています。その結果、プライドと一体感を持って力を結集し、結果的に収益も上がっています。

「Profit is like air」という言葉があります。利益は空気のようなもの、という意味です。我々は空気がないと生きていけないけれども、空気のために生きているわけではない。同様に、企業が存続するために利益は必要だけれども、我々は利益を稼ぐために仕事をしているのではありません。何かの目的、理念の実現のために働き、結果として利益を得ているのです。

新田　組織において理念とは、心の接着剤だと思います。一人ひとりの職員に権限が与えられて、みんなが勝手なことをやったら、普通なら組織はばらばらになりますよね。やはり、こういうことに取り組もうという理念をみんなが共通して持っていると、それが心の接着剤になって、みんなのベクトルが同じ方向に向くわけです。

各人があっちを向いたりこっちを向いたりしているのではなく、「北に向かうぞ」という理念が明確になっていれば、みんなの心が自動的にお互いの関係性をつくって同じ方向に向かって走り出せる。理念はその関係性をつくるための接着剤だという感じがするわけです。

「人間性回帰の時代」という言葉があります。石塚しのぶさんの著書で、私がたいへん感銘を受けた『コア・バリュー・リーダーシップ　組織を変えるリーダーは自己変革から始める』という本にある言葉です。市場が複雑化して、生活者のパワーが強くなり、変化のスピードが速くなったら、階層型の伝統的な組織ではそれに対応できずに生き残ることができなくなります。金融機関でいえば、いちいち本部に判断を仰いで、お客様の意向を重視せず、手続きや本部の判断に従っているだけであれば、お客様が怒り出すだろうということです。

ところが、往々にして金融機関は、その場では何も決められず、審査部など本部の意向を待つことになる。それによって、どんどん判断が遅れて、お客様との距離が遠くなっていく。あるいは、お客様のニーズがあるにもかかわらず、マニュアルや手続きで決められたことしかやらないということにもなる。そのような会社は淘汰されるに決まっているわけです。

少なくとも先進国では、現場の一人ひとりまでが人間性に回帰して、お客様と感性、個性を共有できるようにならないといけない。ところが、現実にはそうなっておらず、お客様に対する関係性をつくっていけなくなってしまっているのではないでしょうか。

その意味では、「人間性回帰の時代」のなかで求められる組織とは、そもそも、職員同士、職員とお客様との関係性が存在する組織であり、人々がその一員でありたいと思えるコミュニティをつくるための仕組みということになります。

江上　いい話ですね。

新田　ええ。だからこそ当組合ではいま、「幸せのコミュニティ」という言葉をキーワードにして、そのようなコミュニティを持つ金融機関として自分たちを定義し、ビジネスモデルを組み立てているんです。

コミュニティをどう考えるかと言えば、それには3つのことがあります。1つは、そこに属する人たちが共通の目的・価値観で結ばれている。理念もそうです。2つ目は、コミュニティのなかの個人同士につながりやきずながある。3つ目は、信頼や尊重を前提として、コミュニティのなかにいる人にとって、心理的に安全な環境がある。これらの定義は一般的に言われているものです。

そうしたときに、第一勧業信用組合はこれらを職員に提供できているのだろうか。あるいは、第一勧業信用組合は日々の取り組みを通じて、組合員、お客様にもこのような気持ちになっていただけているのだろうか。「勧信で安心」という、わかりやすいキャッチコピーをつくりましたが、お客様が第一勧業信用組合の組合員であることで、心理的に安心できるようなものを私たちは提供できているのだろうかと自らに問いかけることになります。

これも結局、私たちはなんのために存在しているのかというパーパスの問題なんですね。地域金融機関のパーパス、なかでもその中核になるコアパーパスを突き詰めると、基本的には地域の繁栄というところに行きつくと思います。地域金融機関であるのだから地域の繁栄のために自分たちは存在している。これは最もオーソドックスであり、バリューのなかでもコアバリューとなる中核的な価値観であり、行動の基礎にあるものです。

そうすると、次に問われるのが、私たちはいかなるビジョンを持っているのかということです。そして、そのような未来図をいかに示しているのかです。

私たちも「最大の強みは何か」と問われたとき、じつは「目利き力がある」「創業支援に取り組んでいる」「ソーシャルビジネスに積極的に挑んでいる」等々ではなくて、「第一勧業信用組合のこの企業文化こそ最大の強みです」と言えるようになれればいいと思っています。

ESG金融とバリュー・ベース・バンキング

金融には、「融資」だけではなく「投資」という領域があります。前者は間接金融と呼ばれ、銀行などが主に担い、後者は直接金融と呼ばれて、主に証券会社などが担っています。

「透明性」という視点から見ると、どう考えても直接金融のほうが透明に見えます。

直接金融の「投資」では自分でリスクを負って投資先を直接選択するわけですから、その時点で透明性が保たれています。まして投資家は、企業に対し、株主として経営に口出しすることもできます。

一方で、銀行に預金を預けると、そのお金は、他の預金者のお金と一緒に壺の中に入れられてしまいます。その先でどんなふうに自分のおカネが使われているかについては、多くの預金者は知るよしもありません。

透明性が確保されやすい投資の領域では、投資家や金融機関が環境や社会に対する配慮をしていくべきであるという動きは歴史的にも早く起こりました。

「社会的金融」というと、日本でも議論が盛んになってきている「ＥＳＧ投資」をイメージする人が多いのではないでしょうか。

ＥＳＧ投資とは、従来の財務情報だけでなく、環境（Environment）・社会（Social）・ガバナンス（Governance）といった非財務の要素も考慮した投資のことを指します。ＥＳＧという概念が認識され始めたのは、２００６年に当時の国連事務総長のアナン氏が機関投資家に対し、ＥＳＧを投資プロセスに組み入れる「責任投資原則」（ＰＲＩ）を提唱したことがきっかけです。

行政やＮＰＯなどの非営利セクターだけではなく、民間企業も当事者として持続可能な社会の実現への責任があるということを示すＳＤＧｓの概念が普及したことも相まって、ＥＳＧ投資は世界中で急速に拡大しています。

世界責任投資連盟（ＧＳＩＡ）の報告によると、２０１８年における世界のＥＳＧ投資残高は３４００兆円であり、世界の総投資マネーの約３の１に達しています。日本でも2018時点でESG投資残高は232兆円に達し、2016年からの2年間で3倍と急拡大しています。

この金額の大きさからもわかるように、ESG投資の投資家は、年金基金など多額の資産を長期で運用する機関投資家といわれる組織です。そして、投資を受ける側も、株式を上場している大企業が主体となります。

もちろんESGは「投資」に関わらず「融資」の領域でも適用される概念です。しかし、預金を預かって融資する間接金融を行う金融機関にとっては、ESGの概念は一歩も二歩も遅れています。特に地域金融機関にとっては非上場の中小企業や個人の取引先がメインであり、金融機関がESGに考慮して貸出しているかどうかというプレッシャーをかける株主はほとんど無いに等しく、預金者である市民が金融機関に口出しすることもありません。

そのためか、融資の判断基準としてESG評価を適用している金融機関は、日本にはほとんど無いと言っていいでしょう。財務情報や担保などのハードな情報に基づいて融資審査を長く行ってきた金融機関は、「事業性評価*」と

＊事業性評価…融資判断にあたって、財務データや担保・保証に必要以上に依存することなく、取引先企業の事業内容や成長可能性などを適切に評価すること。財務データ以外を含めて顧客の実態把握をしようとする取り組みは、金融庁がリレバンという施策を打ち出したころから必要性を指摘され続けてきている。

言われる非財務情報としての定性情報を審査することでさえ精一杯の状況であり、その先の社会的インパクトまで評価することは本当に難易度が高いだろうと推察します。

「投資」ではなく「融資」を行う間接金融において、この例外があるとすれば、それこそがバリュー・ベース・バンキングであり、GABVに加盟している金融機関が行っていることです（もちろん、GABVに加盟している金融機関でもESG投資を行っているところは多くあります）。

では、預金を取り扱う間接金融がバリュー・ベース・バンキングを行うことにはどんな意義があるのでしょう。

それは一言でいえば、市民が参加しておカネが循環していくエコシステムが、間接金融のほうが作られやすいことです。社会へのインパクトは金額の大きさだけではなく、意図の大きさを伴うものです。たとえわずかなおカネであったとしても、市民が預金を通じて、自分のおカネをどのように使うかを意識して銀行を選択することができれば、市民はそのエコシステムの中にいる当事者になります。

金額が小さいことをいえば、資金を借りる側も同じです。夢を持った起業家の多くは、株式を発行して資金調達する手段が限られています。

クラウドファンディング*という、起業家が直接投融資を受ける資金調達の手段が随分と普及していますが、投資家が一つひとつの投資先を吟味し選択する時間やコストは、社会全体で見るとまだまだ小さいと言えるでしょう。

たとえ、少額であったとしても、預金者や起業家の意図が間接金融を通して繋がり循環が発生すれば、それは毛細血管のように社会の末端に染み渡るエコシステムが作られていきます。

バリュー・ベース・バンキングとは、間接金融が持っている信用創造という機能を、新たな意図をもって活用するということだと思います。信用創造とは、銀行が貸し出しを繰り返すことによって、銀行全体として、最初に受け入れた預金額の何倍ものおカネをつくりだすことができる仕組みのことです。

＊クラウドファンディング…不特定多数の人からインターネットを経由して投資・融資・寄附などを募り、事業資金などを調達する手法。

金融機関は預かった預金の全部を金庫に入れておく必要はなく、次々におカネを融資していくことでおカネを創造していきます。つまり、間接金融では、良き意図を持ったおカネそのものを何倍にも増やしていくことができるのです。

（江上広行）

第3章
行動指針としてのGABV6原則
──その考え方と世界での実践事例

江上広行

メンバーの共通目標であり〝憲法〟

ＧＡＢＶのバリュー・ベース・バンキングを具体的な行動指針として示しているのが、ＧＡＢＶ６原則です。

ＧＡＢＶに加盟している金融機関が所在する国や地域の事業環境はそれぞれに異なっており、対象とする顧客層や解決すべき社会課題も異なります。そのため、当然のこととして、加盟している金融機関それぞれの経営理念やビジネスモデルも同様に多様です。

ＧＡＢＶ６原則は、そのような多様なスタイルを持つ金融機関が、それぞれの多様性をお互いに尊重しつつも、共通に目指すバリュー・ベース・バンキングの原則を文書として表現しているものです。

いわば、ＧＡＢＶ６原則はＧＡＢＶに加盟するときの評価基準であり、その活動レベルを高めていくための共通目標でもあります。また、ＧＡＢＶのメンバーが対話するときに必ず立ち返るＧＡＢＶの憲法のようなものと言えます。

その6原則とは次のようなものです。

第1の原則……トリプル・ボトム・ライン・アプローチをビジネスモデルの基盤とする

第2の原則……地域に密着し、ニーズに合わせ実体経済に貢献する新しいビジネスモデルを支援する

第3の原則……顧客との長期的な関係と彼らの経済活動に伴うリスクについて直に理解している

第4の原則……外部の混乱に対し、長期的な自立力と回復力がある

第5の原則……透明性があり、包括的な企業統治を行う

第6の原則……上記の原則が、金融機関の企業文化の中に織り込まれている

これらは、GABVのホームページなどでも公開されています。

ここからは、この6原則のそれぞれについて詳しく解説していきます。

（注）ＧＡＢＶ６原則は、２０２０年２月の年次総会で次のように一部修正がなされています。

第１の原則……社会・環境・持続可能性のアプローチをビジネスモデルの基盤とする。

…

第６の原則……上記の原則が、金融機関のリーダーシップと企業文化の中に織り込まれている

これらの修正は、従来の６原則に対する表現上の修正にとどまるものであり、本書では変更前の内容で解説を進めていきます。

GABVのホームページにも掲載されている６原則

http://www.gabv.org/about-us/our-principles

●第1の原則

「トリプル・ボトム・ライン・アプローチをビジネスモデルの基盤とする」

トリプル・ボトム・ラインとは、持続可能性を追求する企業が経営を行うときに考慮すべきこととして、環境Environmental、社会Social、経済Financialの3つを表したものです。

この言葉は、英国サステナビリティ社を立ち上げたジョン・エルキントン氏が、決算書の最終行（ボトムライン）に収益の最終結果を述べるように、社会面や環境面などについても評価し説明すべきものだとして提唱したことに由来します。

しかし、ＧＡＢＶが提唱するトリプル・ボトム・ラインは、これをさらに拡張してそれぞれにＰの頭文字をもつ三つの要素を表現しています。

□People: 人々による社会的エンパワーメント
（例：教育、ヘルスケア、社会福祉、芸術&文化など）

□Planet: 地球という惑星の環境
（例：再生可能エネルギー、エネルギー効率化、環境配慮住宅・建設、環境汚染削減、有機農業など）
□Prosperity: 経済と繁栄
（例：中小企業向け貸付、零細企業向けマイクロファイナンス、包括的経済など）

ＧＡＢＶはトリプル・ボトム・ラインについて、自分たちのホームページで次のように説明しています。

「バリュー・ベース・バンキングは、人類・地球・繁栄に同時に注目するアプローチに統合されています。商品・サービスは人々のニーズを満たし環境を保護するよう設計・開発されています。」

バリュー・ベース・バンキングとは、持続可能な社会・経済・環境の発展をもたらすために「おカネ」という手段を活用していこうという考え方です。現在の社会が直面している課題を解決し、持続可能な世界を次世代に対して引き継いでいくためには、行政やＮＰＯなどの非営利組織だけではなく、ビジネスの力を借りなくてはなりません。そこには一人ひとりの意図をもったおカネの力が必要となります。

さらにいうと、おカネという貨幣資本だけではなく、能力と意欲を持つ人々による起業家精神やその繋がりとしてのコミュニティの信頼関係（People…人的資本、社会関係資本）、安定した自然環境（Planet…自然資本）そして、それを循環させていく経済の力が必要であるのです（Prosperity）。

ＧＡＢＶに加盟している金融機関が実際にトリプル・ボトム・ラインに取り組んでいる事例をいくつか示すことにしましょう。

はじめに、ＧＡＢＶの創設メンバーであり、リーダー格とも言える存在でもあるオランダのトリオドス銀行を紹介します。

事例①　環境金融の先駆者　～トリオドス銀行（オランダ）

トリオドス銀行が所在するオランダは国土の４分の３が海面下に位置する干拓地であり、地球温暖化による海面上昇の影響が生活や事業に直結するため、環境問題に対して意識の高い国民性があると言われています。

１９６８年、銀行員、エコノミスト、組織コンサルタント、税法を研究する教授の４人が「地域経済に貢献し、環境や公共性の高いプロジェクトを支援する金融機関」についての対話を始めました。

彼らは、「強い社会的意識を持った人々が少なからず存在している。その意図の力でおカネを動かす金融をどうやって実現できるか」という問いを立てていました。おカネの力を使って持続可能な世界を構築したいという考えは、いまとなってはESG投資などで一般化していますが、当時としては先駆的なものでした。

研究会は１９７１年に財団となり、１９８０年に財団から転換する形でトリオドス銀行が設立されます。銀行名のトリオドスとは金融・社会・倫理を示す「三つの道」

という意味です。

トリオドス銀行は当初から、リスクが大きいとして避けられていた再生エネルギー産業への投融資に先駆的に取り組みはじめます。

トリオドス銀行が急速に市民に知られるようになったのは1990年代になってからになります。1992年にブラジル・リオで地球サミット*が開催され，世界的に環境配慮への関心が高まるなか、トリオドス銀行が取り組んでいた環境金融の分野にも注目が集まったのです。

トリオドス銀行は融資だけではなくファンドを組成しての投資事業も行っていました。「グリーン投資ファンド」「社会的責任ファンド」といった株式投資ファンドの商品を開発し、そこにも資金が集まるようになります。

「トリオドス・ウィンド・ファンド」は、その代表的な商品でした。再生エネルギーに関心を持つ預金者の要望にこたえようとデンマークの風力発電プロジェクト、そしてオランダの小さなエンジニアリング会社とパートナーシップを結び、風力発電事業用のトリオドス・ウィンド・ファンドを組成します。

1980年代の風力発電の技術は未成熟であったため、このプロジェクトに対して

＊地球サミット…正式名称は「環境と開発に関する国連会議」で、1992年にブラジルのリオデジャネイロで開かれた国連環境開発会議。いままで対立するものとされていた環境保全と開発や発展とを、ともに実現する2つの課題と位置づけた。

オランダ政府は税制優遇などに消極的でしたが、トリオドス銀行は投資家に対して、投資額に対するエネルギー効率の改善値（エネルギー・フットプリント）*を示すことで、環境問題に関心がある個人や機関投資家の資金を集めてこのプロジェクトを成功させます。このビジネスモデルは、欧州におけるグリーンファイナンスの先行事例として、その後の環境金融サービスの起点となります。

トリオドス銀行は１９９３年から、スペイン、ベルギー、イギリス、ドイツへと支店展開を始めます。また、国際業務へ事業の範囲を広げ、途上国でのマイクロファイナンス機関への投資、他国の金融機関等へのコンサルティング、投資管理、ファンド管理サービスなども行っていきます。

２０１８年時点でトリオドス銀行の総資産は１５５億ユーロ、純利益が３億８６００万ユーロ、従業員１４２７人です。規模だけを見れば日本の中堅の地方銀行程度で、決して大きくはありません。

現在、同行が行うサービスは、融資から（１プロジェクトに４万５０００USドルから４０００万USドルまで）投資商品まで幅広く存在しています。融資先は、自然

＊エネルギー・フットプリント…地球の環境容量をあらわしている指標。経済活動を含めた人間の活動を支えるのに必要な土地面積の合計として算出される。

と環境分野（たとえば有機農業、卸売り、健康食品店、再生エネルギー）、住宅や社会インフラに関連するプロジェクト、芸術や教育、フェアトレード、マイクロファイナンスなどを行う事業者です。

一方で、核、武器、環境に有害な事業への融資をしないネガティブスクリーニングを行っています。投融資の運用状況は投融資先の了解のもと、預金者にも公開されています。この透明性が、トリプル・ボトム・ラインに従った運用がされていることの担保でもあるのです（透明性については第5の原則のところで詳しく触れることにします）。

トリオドス銀行は決済サービスや、デビット・カード、クレジット・カード、インターネットバンキング、住宅ローンも提供していますので、一般の商業銀行と競合する要素もあります。しかし、あくまで、サービスのベースはトリプル・ボトム・ラインに置いています。そうでなければ、預金者や株主の信頼を損ねることになるからです（ちなみにトリオドス銀行は株式を上場しておらず、全株式は管理する財団に信託されています）。

たとえば、同行が取り組む住宅ローンでは、エネルギー効率が高い住宅に対しては金利が低く設定されます。その一方で、エネルギー消費量を削減する取り組みをしている建設業者に対しても認定基準を設けて、持続可能な住宅や商業施設の開発やリフォームに対しても資金を提供しています。

環境金融の分野で先行したトリオドス銀行の取り組みは、オランダ国内や他国の金融機関の環境への取り組みにも影響を与えることになりました。

２０１５年にトリオドス銀行が主導して、オランダの国内の14の銀行と二酸化炭素排出を計測するためのオープンソースの方法論の共同開発を始めます。ＰＣＡＦ(Platform for Carbon Accounting Financials）と呼ばれるこの組織は、２０１９年にはグローバルにＧＡＢＶに加盟していない１００以上の金融機関が参加する運動へと拡大しています。

これを受けてＧＡＢＶは金融機関による気候変動に対するポジティブな影響を３Ｃイニシアチブ（Climate Change Commitment）という承認機関を組織し、２０２２年までに融資と投資のポートフォリオの気候への影響を評価・開示し、最終的には融資と投資の気候への影響をパリ協定に沿ったものとすることを約束しています。

事例② 人間のための銀行 ～GLS銀行（ドイツ）

続けてドイツのGLS銀行を紹介します。この銀行も社会的金融の領域ではよく話題になるところです。トリオドス銀行と同様、GABVの創設メンバーでもあります。

GLS銀行の本店はルール工業地帯にあるボーフムという町にあります。投融資先は再生エネルギー分野、学校や保育所などの教育分野、教育ヘルスケア、有機農業など、やはりトリプル・ボトム・ラインに則しています。

総預金が日本円で7200億円、総貸出が4258億円（2018年12月）ですから、やはり規模としてはさほど大きくはなく、日本の第二地方銀行ぐらいです。

それでも、GLS銀行はトリオドス銀行と同様、リーマンショック以降の社会的金融ニーズの高まりとともに預金・貸出とも急成長しています。GLS銀行を直接訪問したとき、その要因のひとつに東日本大震災による脱原発に向けた再生エネルギー機運の高まりが影響していたということを聞きました。

GLSとは「貸すことと贈ることのための共同体＝Gemeinschaft für Leihen und

Schenken」という意味です。「贈与*」という言葉が含まれているように、地域の事業家などが公益事業に対して贈与をするための仲介を行っていたGLS信託財団がその発祥でした。創設者たちは、物質的な財産をもつ裕福な人たちだけではなく、個人の信頼をベースとした精神的な財産を大切にする銀行を作りたいと願い、１９７４年にGLS銀行が誕生します。当時としては、現代的な社会的銀行のはしりと言える存在でした。

この銀行は次のようなポリシーを持っています。

・倫理的・社会的な活動にだけ融資する（社会性）
・融資先を最大限公開する（透明性）
・精神生活に関わる分野（教育や芸術）や採算をとるのが困難な社会的分野への贈与を重視する（贈与性）

ここでは、その具体的事例として、GLS銀行が関わっていた再生エネルギー分野でのプロジェクトを紹介します。

＊贈与…人智学で有名なシュタイナーは、貨幣には「交換」「融資」「贈与」の３つの性質があり、このうち、代償のない「贈与」は、受け手にとって経済的な制約がない分、教育や文化、芸術などの分野で自由な創造を生み、社会全体に新しい価値をもたらすと伝えている。

２０１４年６月、福島県会津市にある大和川酒造の経営者で酒造家の佐藤弥右衛門氏が「シェーナウ環境賞」という賞を受賞しました。この賞は環境保護や省エネ活動に貢献した個人の功績を称えるものです。佐藤さんは福島第一原子力発電所の事故を契機に、地下水が豊富な喜多方に続く酒造りが、放射能汚染によって壊滅することのないよう、地域の仲間たちと「会津電力」というソーラー発電を活用する電力会社を立ち上げ、その収益を出資者である地域の人々に還元していくという仕組みを構築しました。

このような、太陽光や風力、小水力発電などの自然エネルギーを活用した地域再生は日本の各地に広がっており、佐藤さんらの取り組みは２０１９年に「おだやかな革命」というタイトルの映画になって公開されました。その佐藤さんがモデルとしたのは、賞の主催者であり、その名称を冠している、ドイツにあるシェーナウという町の取り組みでした。

シェーナウは「黒い森」を意味する南ドイツのシュバルツバルト山岳地帯にある人口２４００人の小さな町です。１９８６年、チェルノブイリ原子力発電所の事故によって発生した放射能はこの町にも飛んできます。シェーナウの住民であり、５人の子供をもつスラーデク夫妻はこのことに危機感を抱き、同じ願いを持つ市民たちと原発に依存しない生活をしようと、節電キャンペーンを始めます。

この運動は､市民運動として拡大します。そして､自分たちで小型のコージェネレーション発電機や小水力発電などを活用した再生可能なエネルギーを供給すべく、自前の電力会社を立ち上げようという構想へと発展します。しかし、実際に計画をしてみると、町の人たちに電力を供給するには、この地域の電力供給を独占していた地域電力会社から配電網を買い取らなくてはいけません。その総額は470万マルクに及びました。スラーデクたち市民がどれだけ持ち金を集めてもそのような巨額の資金を調達するすべはありませんでした。

そのときに電話したのが、シュトッドガルトに支店があったGLS銀行でした。当時の支店長トーマス・ヨルベルク（のちのGLS銀行のCEO）は早速、シェーナウの町を訪れます。当時GLS銀行は風力発電のファンドを立ち上げるなど、当時まだ注目をあびていなかった再生可能エネルギーの普及に取り組みながらも、連邦政府や電力会社の抵抗にあい、その勢いを失いかけているところでした。

シェーナウのプロジェクトにヨルベルクは賛同し、市民運動としての資金調達プランを提案します。スラーデクたちもそれに賛成し、ついに待望のシェーナウ電力会社が設立されます。活動をはじめて8年が経過した1994年のことでした。

シェーナウ電力会社は「エネルギー・ファンド・シェーナウ」をつくり、ドイツ全国から出資を募るキャンペーンを開始します。一方で地域独占の掟を破られたくない電力会社は、送電網の売却価格を市場価格をはるかに上回る870万マルクまでに吊り上げるという妨害作戦に出ます。シェーナウ電力会社はこれを不当として訴訟を起こしますが、裁判が長期化すると事業そのものの実現が困難になるため、吊り上げられた金額の資金集めを継続せざるを得ません。

そこでシェーナウ電力会社は、この状況を逆手に取って、自分たちを揶揄して「私は厄介者です」と訴えるポスターを作り、寄付を募るキャンペーンを展開します。このキャンペーンはドイツ中の話題となり、全国から多額の寄付金が集まります。

結局、配電網の価格をつり上げた電力会社は、市民からの非難に応えるかたちで、売却価格を570万マルクにまで引き下げ、1997年7月についに買取が完了し、シェーナウ電力の事業がスタートします。

その後、シェーナウ電力会社のサービス範囲はシェーナウを超えて拡大し、30万世

「私は厄介者」キャンペーンのポスター

帯の顧客を持つ、ドイツ最大級の再生エネルギーによる電力供給会社のひとつに数えられるまでに拡大します。配電網の買取費用に関わる裁判は２００５年に結審し、その価格は３５０万マルクと評価され、シェーナウ電力は実際に支払った金額との差額を受け取ることとなります。その資金は新エネルギー財団の原資としてドイツ全体の再生可能エネルギーの活用に使われていきます。

　ドイツでの電力供給における再生可能エネルギーの割合は、２０００年に６％でしたが、２０１０

年に17％、2014年末の速報では27・33％にまで上昇し、その取り組みにおいて世界を牽引しています。その起点の一つとして、この小さな電力会社の取り組みがあったと言われています。そして、そのムーブメントは世界にも拡大し、先に述べた日本の佐藤さんのような活動にもインパクトを与えているのです。

GLS銀行の存在がなければ、シェーナウ電力会社は存在しておらず、福島の会津電力の存在さえなかったかもしれません。そして、この本の中でそのエピソードに触れられることもなかったでしょう。

ドイツの小さな町で、小さな電力会社と小さな銀行が手がけたプロジェクトは、トリプル・ボトム・ラインである、人々のコミュニティの活性化、環境負荷の削減、そして経済の繁栄のいずれにもポジティブなインパクトを与えることに成功した事例として、学ぶべきことが多くあります。

小さな金融機関が取り組むからこその意義

地球規模での気候変動に与える影響はあまりにも複雑かつ長期的であるため、一つの金融機関が環境問題に取り組んだところで、温室効果ガスをどれだけ削減できるかといえば、微々たるものであることは否定しようがありません。ましてや、経済的な利益とはほぼ無関係のようにもみえます。おそらく、そのことが金融機関の環境に対する無関心を形成する要因の一つなのでしょう。

そういう私自身も、ＧＡＢＶやバリュー・ベース・バンキングの取り組みについて知るまでは、環境問題に対して無関心であったことを告白します。

おそらく、読者の中で湧いてきている疑問は、圧倒的な資金量と影響力を持つメガバンクならともかく、規模が小さな地域金融機関や協同組織金融機関が環境への配慮をしたところで、その効果は限定的ではないか、ということでしょう。

しかし、世界のすべては繋がっているシステムであり、どんな行動も連鎖をしています。この考え方はシステム思考*といわれるものですが、「世界は繋がっているから

＊システム思考…社会をシステム、つまり様々な要素の相互作用として捉え、本質的で持続的な働きかけを探索するアプローチ。

こそ私自身が起点になることができる」という、バリュー・ベース・バンキングの根幹をなしているリーダーシップの核心です。

ＧＬＳ銀行という決して大きくはない銀行がシェーナウという小さな町で始めた活動がドイツ全体や世界に広がっていったように、環境をはじめとするトリプル・ボトム・ラインへの取り組みは、小さな金融機関が取り組んでいるからこその意義があるのです。

●第２の原則
地域に密着し、ニーズに合わせ実体経済に貢献する新しいビジネス・モデルを支援する

ＧＡＢＶは２０１８年11月8日の「Banking on Values Day」に向けて広報キャンペーンを実施しました。南米チリの有名なデザイナー集団「Team Oktopus」によって制作されたポスターには、世界のＧＡＢＶに加盟するメンバーの国の言葉に翻訳されて次のように書かれています。

「あなたの大切なご預金、預け先の金融機関がどこに融資しているかご存知ですか？」

みなさんはどのように感じるでしょう。このキャンペーンは第一勧業信用組合でも行われましたが、日本での反応はとても少なかったそうです。

「我々は利便性や金利の高さで金融機関を選んでいるのであって、そのおカネがど

う使われているかなんて気にしたことがない」

おそらく、大半の日本人は同じように答えるのでないでしょうか。

このポスターにこめられたメッセージは、預金する人に対してもどこの金融機関に預金をするかには責任を伴っているということです。そして、その責任をともにすることで、新しい金融機関と顧客との関係性が生まれるということを示しています。

ＧＡＢＶは、リーマンショックに代表される、カジノ金融と揶揄される実体経済とかけ離れた金融システムが引き起こした負の影響の教訓として生まれました。しかし、リーマンショックから10年を経たいまもその反省から学ぶことができていない金融システムが主流のまま存在しています。

GABVは第2の原則について次のように説明しています。

「バリュー・ベース・バンキングは、所属している地域のコミュニティに貢献をします。その地域と業種別のコミュニティの資金需要に対応し、生産的で持続可能な経済で、企業や個人へ融資をしています」

バリュー・ベース・バンキングでは、人々の幸福の原点は相互扶助の精神に基づくコミュニティにあるという考え方が根付いています。

地域金融機関が取り組んできている「リレーションシップ・バンキング*」の考え方とも相通ずる考え方です。実際にGABVに加盟する金融機関の多くは協同組織金融機関の形態をとっています。

ここでは、第一勧業信用組合が取り組んでいる事例を紹介します。これらの事例は第一勧業信用組合の実体経済への取り組みとしてGABVからもとても評価されてい

＊リレーションシップ・バンキング…金融機関が、借り手である顧客との間で親密な関係を維持することで、通常入手しにくい借り手の信用情報などを入手し、その情報をもとに貸出等の金融サービスを提供するビジネスモデル。通称リレバン。2003年3月に金融庁は、中小・地域金融機関に対し、その推進を促す政策を開始した。

るものです。

事例③　人とコミュニティの金融 ～第一勧業信用組合（日本）

第一勧業信用組合が目指しているのは〝人に対する金融〟つまり〝人と人〟、そして〝人と人とが繋がることで生まれるコミュニティ〟との信頼関係に基づく金融です。コミュニティバンクというからには、具体的にどのコミュニティに対し、どのような信用供与がされているのかを示す必要があります。

第一勧業信用組合は、コミュニティに対し「育てる金融」ができているのかと常に問いながら、目に見えない「コミュニティ・キャピタル」を育てていくことこそが組合の組織価値の向上に繋がるとの思いで、1件1件のコミュニティに対して信用供与をしています。第一勧業信用組合では、これを「あなたのためのローンを用意してあります」という宣言のもと、「コミュニティ・ローン」として商品化しています。

ここで「コミュニティ・キャピタル」という言葉を使いましたが、これは無形の資本です。同じ志を持った人たちのコミュニティの集まり、これは非常に強力な無形の資本になります。近年、都市部ではコミュニティ・キャピタルの希薄化が進行しています。一方で、「この町内会を頑張って何とかしよう」という人たちも決して少なくはありません。第一勧業信用組合は、こういった人たちを精一杯応援し、より強いコミュニティ・キャピタルを作っていこうとしているのです。

現代において、コミュニティは「地域」だけではなく、「業域」や「職域」のコミュニティもあります。これらの「地域」「業域」「職域」はまさに信用組合業界そのものです。第一勧業信用組合は地域信用組合ですが、実はその中には「職域」や「業域」のコミュニティも存在しています。

第一勧業信用組合の代名詞のようになっているのが、２０１５年に東京・浅草のある芸者さんに融資をしたのがきっかけとなった「芸妓ローン」です。

「芸妓ローン」の最初の融資先となった芸者さんは40歳で、地元の浅草でバーを開業しようとしていましたが、他のどの金融機関も融資に応じなかったそうです。ですが彼女は、東京の花街では売れっ子の芸者さんで、「浅草には20時以降に飲めるお店が少ないので、私が盛り上げたい」というのが出店の理由でした。何より、得意客も大勢いるので、お店ははやるに違いないと感じ、第一勧業信用組合は２２００万円を融資しました。開店後、彼女のお店は大変繁盛したそうです。２０１９年11月には、彼女が芸者さんになって20年となるのを記念するパーティーが多くの得意客に囲まれて盛大に開かれました。

東京の花街は現在どんどん縮小しています。料亭がなくなり、出先がなくなった芸妓衆が引退していくという流れが止まらないそうです。このような、ひとつひとつのコミュニティを現場から地道にささえていくことがコミュニティ・ローンの原点となっています。

第1号のコミュニティ・ローンを作ってから4年が経過し、その種類は４００を超えています（２０１９年11月末現在）。

人とコミュニティというのはすべて固有名詞であり、第一勧業信用組合はこれを符号化していません。それは、符号化したとたんに〝格付け〟の世界になってしまうからです。こういった取り組みをコツコツ続けていく中で、第一勧業信用組合には、コミュニティ・ローンには乗らない条件でも、数多くの融資のご相談が持ちかけられるようになっています。

もう一つ、第一勧業信用組合が行ったオマツリジャパンと連携した事例も紹介しましょう。「人とコミュニティの金融」を標榜する、祭り好きの同組合のポリシーをわかりやすく示しているものとして、ＧＡＢＶのホームページにも掲載されています。

オマツリジャパンは「お祭りで日本を盛り上げる」をモットーに活動している会社です。同社の社長、加藤優子さんは「日本全国には約30万件ものお祭りが存在し、日本人の心の拠り所となっています。しかし、少子高齢化やマンネリ化により、ほとんどの場所で少しずつお祭りの元気がなくなり、ひいては地域の元気がなくなっています」と嘆いたそうです。

オマツリジャパンが誕生するきっかけとなった出来事は、２０１１年東日本大震災直後の青森ねぶた祭でした。震災の影響で、ねぶた祭を訪れる観光客が激減していました。しかし観光客がいようといまいと、地元の方々がお祭りを生き甲斐にして盛り上がっている姿に加藤さんはとても感動を覚えます。これを絶やすことになれば、人々の元気の源が失われ、地域コミュニティ形成の場や経済循環を促す場が失われると感じたそうです。

そして加藤さんは２０１４年に日本初のお祭り専門会社、オマツリジャパンを立ち

第一勧業信用組合がサポートするお祭り風景

上げることを決意します。

一方、地域の一員である第一勧業信用組合も、地域のお祭りには役職員が率先して参加し、積極的にお祭りを支援していました。その数は年間600件以上にものぼり、地域のお祭りやイベントには無くてはならない存在にまでなっていました。

そんなとき、第一勧業信用組合は、同組合が主催した東京アクセラレータープログラム*にエントリーしたオマツリジャパンと出会います。そして、お祭りで地域を活性化していくという同社の理念に強く共感し、同社への出

＊東京アクセラレータプログラム…2016年5月から2017年2月にかけて、第一勧業信用組合が主催した創業者支援プログラム。日本初の地域金融機関によるプログラムとして注目を集めた。

資および業務提携を決定するに至りました。

オマツリジャパンの業務は、

①ＷＥＢ上でのお祭り情報ポータルサイトや、お祭り主催者を支援するＷＥＢサービスの運営

②自治体向けのお祭りを活用した観光ＰＲ、プロデュース、外国人や若者向けのお祭りツアー企画

③企業がお祭りで商品プロモーション、サンプリング、アンケートが実施できるマッチング

などで、オンライン・オフラインの様々な形態で地域のお祭りを支援しています。

第一勧業信用組合は地域のコミュニティに大変強いリレーション網を築いており、オマツリジャパンと同組合が連携することで、祭りで困っている多くの地域の支援を行っています。

この結果、オマツリジャパンの理念に共感する人たちの輪が広がり、それに伴って同社の売上も増加しています。お祭りで日本を元気にしようという同社の成長は、ひいては地域の活性化にもつながっていきます。

協同組織金融機関である信用組合は、コミュニティバンクという原点を強く意識し、そこから逸脱することなく更に向上していくことで、多様なお客さまのニーズに応えていかなければならないという使命を有しています。

私が第一勧業信用組合の取り組みに対して強く感心するところは、同組合が個人や企業をターゲットするＢｔｏＣやＢｔｏＢ*の一方向の関係を超えて、双方向のＢ with CommunityまたはＢ with Societyといった、エコシステムつながりのなかの一部として金融機関の存在を捉えているところです。目指していることは、実体経済に即したエコシステムの構築であり、お祭りへの参加や、コミュニティ・ローンの取り組みはその文脈でみると合点がいきます。

＊BtoB　BtoC…企業から企業への取引をBtoB(Business to Business)、企業から消費者への取引をBtoC(Business to Consumer)と表現する。

●第３の原則
顧客との長期的な関係と彼らの経済活動に伴うリスクについて直に理解している

第３の原則はクライアント・センタード、つまり顧客中心という意味です。日本のほとんどの金融機関は「顧客第一主義」を標榜していますので、顧客中心という言葉の意味だけをとってみると、それとなんら変わりがないようにも思えます。もとより、この原則にある「顧客との長期的な関係」をベースとしたビジネスモデルは、２００３年に金融庁が唱え始めた「リレーションシップ・バンキング」として地域金融機関のビジネスモデルの中心に捉えられてきたものです。

では、リレーションシップ・バンキングと第３の原則にある顧客中心とは果たして同じ概念なのでしょうか？

ＧＡＢＶでは、クライアント・センタードを次のように定義づけています。

「バリュー・ベース・バンキングは、顧客と強い関係性を構築し、顧客と直に関わることで彼らの経済活動を理解・分析し、顧客自身がより価値を高められように支援します」

バリュー・ベース・バンキングにおける顧客中心の原則では、顧客のニーズに従って行動するということは当然のこととしながらも、顧客が求めることはなんでもやるということではありません。

バリュー・ベース・バンキングでは顧客を「ともに世界を持続させていくためのパートナー」と定義しています。顧客の経済的欲求にとどまらず、人間が本来持っている「世界をよくしていきたい」という「意図」を大切にします。顧客が行う事業の評価に対しては、経済性や安全性だけではなく、よりよき社会を残していきたいという「意図」に沿って評価し、融資取引を行っていきます。

これは融資先に限らず預金者に対しても同様です。大切な預金を銀行に預ける預金者に対しても、おカネをどのように使ってほしいかという「意図」を仲介するということでもあります。

金融というビジネスは、お金を扱っているがゆえに、顧客のニーズを資産形成や事業の成功など「お金で測ることができるリターン」のみとして捉える傾向があります。

金融庁は顧客中心の考え方を浸透させるうえで、「顧客本意の業務運営（フィデューシャリー・デューティー）*」を金融機関に対して求めています。この「顧客本意の業務運営」とは「金融機関が、金融商品の購入者に対して、善管注意義務や、利益相反の防止、自己の勘定との分別管理などを行うこと」とされています。これは顧客保護という視点ではとても大切なものですが、顧客と金融機関に限定された関係性のあり方を表しているものに過ぎません。

バリュー・ベース・バンキングにある、顧客中心はここから一歩も二歩も踏み込んだ考え方です。バリュー・ベース・バンキングがとなえる顧客中心とは、顧客と金融機関の関係性を超えて、コミュニティや社会へのインパクトにまで責任がおよぶという考え方です。先ほども触れましたが、B to C、B to Bの関係性を超えてB with Community、B with Society with Environmentまでを含めて顧客中心を捉えているということになります。

金融庁は金融機関などの機関投資家が投資先に対して果たすべき役割として、企業

＊顧客本位の業務運営(フィデューシャリー・デューティー)…他者の信認を得て、一定の任務を遂行すべき者が負っている、幅広い様々な役割・責任のことをいう。金融庁は「平成26事務年度金融モニタリング基本方針」において、日本で初めてこの概念を金融施策のなかに取り入れた。

の持続的な成長を促す建設的な対話を求めるための指針である受託者責任（スチュワードシップ・コード）*を定めています。スチュワードシップ・コードは、今日の企業統治では重要な概念になっています。

この言葉を企業統治の領域に持ち込んだのは英国のジョン・ケイというエコノミストです。あまり知られていませんが、このスチュワードシップという言葉は、キリスト教の新約聖書に由来します。新約聖書には、

あなたがたは、それぞれ賜物をいただいているのだから、神の様々な恵みの良き管理人として、それをお互いのために役立てるべきである（新約聖書　創世記1章28節）

と書いてあります。この管理人がスチュワードです。

あなたが、たまたま手にしているおカネはあなたが賜ったものであり、あなただけのものではない。あなたは自分自身を〝おカネをよきことに役立てる器〟として存在していなさい、そんな意味を表します。キリスト教のそんな教えが現代の金融における企業統治の概念としても使われています。

＊スチュワードシップ・コード…スチュワード(steward)とは執事、財産管理人のこと。コード(code)は規則や原則のこと。直訳すると「管理者の心がけ」という意味になる。企業に投資する側(機関投資家)の行動規範を定めたもので、英国で2010年に導入され、日本では2014年に同様の規範が導入された。

バリュー・ベース・バンキングにおいて、「おカネを手段として考える」という視点は徹底されています。資産形成や事業での収益を上げることを超えた金融の役割を定義しているのです。GABVが「（利益ではなく）価値を大切にする金融」という名称にしているのはこのことを表しているのです。

顧客中心に取り組んでいる事例を一つ紹介しましょう。GABVに加盟しているハンガリーのマグネットバンクです。

事例④　意思決定を顧客の側に　～マグネットバンク（ハンガリー）

マグネットバンクはハンガリー、ブダペストに本店を有する１９９５年に創業された比較的新しい銀行です。

この銀行の特徴は、金融という手段を使って、預金者や起業家、非営利組織など、地域コミュニティにいる多様なステークホルダーが、ともに社会課題の解決に当事者として参画するエコシステムを作り上げていることです。銀行はプラットフォームを提供しますが、通常は銀行が行う取引にかかわる様々な意思決定を顧客の側が直接行うことができるようにして「顧客中心」を貫いています。

その考え方をサービスとして実現しているのが、マグネットバンクが取り組むセクター・コミュニティ・ローンという仕組みです。預金者は、マグネットバンクがどの事業領域に融資するかを自ら選択することができます。預金者は、資金を運用すると同時にその事業を支援するメンターとしての役割を果たします。

セクター・コミュニティ・ローンとして設定されているのは、以下の5つの事業です。

・バイオ・アグリカルチャー
・ヘルスケア、社会福祉
・環境保護、自然保全
・文化、教育
・研究、開発

ユニークなところは、預金者が指定された範囲内で預金のレートを決定することができることです。預金者は特定のセクターのローンをより有利な条件にしたいと願えば、金利をマーケットよりも低く設定することができます。

それだけではなく、口座維持手数料*も預金者が設定します。日本と異なり、欧米の金融機関では預金口座を開設するためには通常口座維持手数料が発生します。しかし、マグネットバンクでは、銀行としての運営に必要なコストを顧客に示したうえで、実際に手数料をいくら支払うかは、顧客が自分で設定することができるのです。預金者が手数料を払いたくなければ無料にすることもできますが、実際は50%以上の預金者が口座維持手数料を支払うという選択をしています。

セクター・コミュニティ・ローンは残高や運用利回りが公開されています。それだけではなく、そのローンを行うことで融資先の事業者がどれだけ社会にプラスのインパクトを与えているかについて顧客に開示しています。その仕組みは「コミュニティインパクト数値化システム」と言われるテクノロジーを活用しています。

このような運営でファンを獲得し続けているマグネットバンクは創立以来順調に規

＊口座維持手数料…金融機関に口座を持っているだけでかかる手数料。欧米では口座を持っているだけで手数料を課す金融機関も一般的。これまで日本の金融機関ではほとんど実施されることはなかったが、2019年ごろから、大手金融機関が口座維持手数料の導入を検討していることが話題になっている。

2016-ban az ügyfeleink közel 50%-a vállalt 0 forintnál magasabb díjat.

Állítsd be, hogy mennyit fizetnél szívesen a havi számlavezetési díjadért!

口座維持手数料をスライドバーで設定できるマグネットバンクの管理画面

模を拡大し、かつ高い収益性を維持しています。その要因は、原価を上回る実質的な寄付的行為によって顧客が支払う口座維持手数料や、意思決定を顧客に委ねることによる業務コストの効率化によって実現したものでもあります。

さらに特筆すべきところは、その利益の分配方法です。マグネットバンクでは、税引後の利益の10%を原資として、預金者に追加の資金負担がないコミュニティ寄付プログラムを提供しています。社会貢献活動をしている団体を選定するのはマグネットバンクですが、実際にどの事業に寄付をするかを決めるのは預金者になります。

２０１７年までの7年間に、ヘルスケア、環境保護、教育、機会平等、医薬と文化のフィールドなど約２２０の異なる財団とＮＰＯ団体をサポートするために55万２０００ユーロが寄付されました。

マグネットバンクの代表ファイ・ジョイト氏はこのように発言しています。

「マグネットバンクはバンクカードや預金や融資を売ることをせず、人々のおカネへの関わり方を変えようとしているのです。それは参加者をつなげておカネの循環を生み出すということです。意思決定の選択肢はより透明性を保つことによって一人ひとりの社会への貢献を見えるようにします。それによって人々に社会に対して責任を果たす機会を提供し、より健康的なおカネへのつながりをつくろうとしているのです」

マグネットバンクは透明性を維持しつつ、コミュニティの中にいる利害関係者がエコシステムを形成する当事者として参加する仕組みを作り上げています。この取組みは、間接金融という枠組みのなかでのユニークなチャレンジであり、バリュー・ベース・バンキングとしての信用創造の新しい姿を見ることができます。それは「信用創造」というより「信頼創造」と言い換えられるものなのかもしれません。

●第4の原則

外部の混乱に対し、長期的な自立力と回復力がある

金融とは、社会の状況を反映する映し鏡のような存在です。おカネには意思はありません。人間や社会が持っている意思を信用創造という仕組みで拡大させていく装置として金融は機能します。そしてそれは時としてカオスをもたらします。

リーマンショックは、21世紀の金融業界にもたらされたひとつのカオスではありますが、それは複雑化した人々の欲望と分断された社会の構造の映し鏡として金融業界にもたらされたものです。

バリュー・ベース・バンキングを標榜する金融機関は、こうした複雑性に対してもしなやかに持続していかなくてはいけません。

GABVでは、第4の原則に対してこのように説明しています。

「バリュー・ベース・バンキングは、外部の混乱に際しても長期的な観点から経営

を維持し、回復力がある状態であり続けねばならない」

ＧＡＢＶは第４の原則に対して、原文ではロングタイム・レジリエンシーという言葉を用いています。レジリエンシーとは鞭がピュンピュンとしなるようなしなやかさをあらわす言葉で、芯がありながらも、柔軟であるという意味です。日本語では適当な言葉がないので、ここでは回復力という言葉を用いています。

ＧＡＢＶの６原則にこの項目が追加されたのは、ＧＡＢＶのメンバーの中に破綻する金融機関が現れたことが影響したといわれています。

それはアメリカのシカゴにあったショアバンクという銀行です。この銀行はシカゴのサウスショア地域の貧困問題を解決することを目的に１９７３年に設立されました。貧困地域の住民への貸し付けや、地域の住宅開発への投資、さらには地域の環境に配慮した森林開発事業への投資などを行うことで、地域経済や地域住民の生活を向上させる役割を果たし、当時大統領であったビル・クリントン氏が「アメリカに１００のショアバンクを！」というスローガンを発するほどの影響力を発揮しました。バリュー・ベース・バンキングを標榜する銀行としてＧＡＢＶの設立メンバーにも加わりました。

しかし、同行は、低所得層に対してサブプライムローンを提供する住宅ローン業者との競争にさらされる中で、リスク管理を軽視せざるを得ない状況に陥り、不良債権が増加、２０１０年に業務停止に至ります。

ＧＡＢＶのメンバーにとってはこのことは衝撃であると同時に大きな教訓を得る機会ともなりました。この事例は、バリュー・ベース・バンキングであっても、いかなる不確実性に対しても万全ではないということを意味しています。

バリュー・ベース・バンキングを実践する金融機関は実体経済に対して全力で取り組むことによって、経済的、社会的、環境的なインパクトの創出に貢献しながら、それが同時に安定的な財務リターンをもたらすことを身をもって示す努力をしています。

彼らは、金融機関のステークホルダーを株主に限定せず、顧客や地域社会、従業員などを含めて多様に捉え、その多様なステークホルダーを満足させるだけの統合された社会的価値の提示とその価値に基づいた金融サービスの提供を試みています。

金融業界に限ったことではありませんが、「利益よりも大切にしているものがない企業は、その大切にしている利益さえも生み出せない」――そんな時代に突入しています。

ＧＡＢＶに加盟している金融機関は、一般の銀行に比べても財務的に決して見劣りすることはありません。

たとえば、ＧＡＢＶのリーダー格とも言えるトリオドス銀行は、自己資本率20％、預貸率約70％と高い資金流動性・短期支払い能力を維持しており、長期的に見れば世界のトップ25％の金融機関と比べても見劣りしない利益水準にあります。

ＧＡＢＶでは２０１２年以降、バリュー・ベース・バンキングを実践している金融機関（ＶＢＢｓ）とＦＳＢが認定するグローバルに展開するシステム上重要な銀行（the Global Systemically Important Banks　以下、ＧＳＩＢｓ）との業績比較の結果を調査し報告としてまとめています。なお、ＧＳＩＢｓには日本の３メガバンクも含まれます。

このレポートで示されているデータからいくつか要点をお伝えしましょう。なおデータは２０１７年を基準としています。

○総資産に対する貸出の比率はＧＳＩＢｓが41・5％であるのに対してＶＢＢｓが71・8％です。リーマンショック以降も、ＧＳＩＢｓでは資産の半分以上が外部金融の投資にあてられていることになります。

○総資産に対する預金の比率はＧＳＩＢｓが54・8％であるのに対してＶＢＢｓが73・9％です。ＶＢＢｓは調達が顧客である預金者に依存していることになります。これは、ＶＢＢｓが余剰の資金を持つ顧客と、生産的な投資のために資金を必要としている顧客との間をとりもつという金融仲介機能の原点により即していることを示すデータであるとも言えます。

これらのデータは、第2の原則で示した、ＶＢＢｓが実体経済に即した調達と運用を行っていることを裏付けています。

財務状態の回復力については、次のようなデータが示されています。

○自己資本比率*はＶＢＢｓが8・3％です。金融危機以降、自己資本充実に対する

＊自己資本比率…保有するリスク資産に対する自己資本の割合。

規制のプレッシャーが高まっている中でもVBBsの自己資本比率のレベルは、これまでのGSIBsを上回ってきています。自己資本を高めるために、貸出に対する姿勢を消極的にせざるを得ないことがあるといわれますが、VBBsに限ってはこの主張はあてはまりません。

○ROA＊は、GSIBs、VBBsともに0・61％と同水準にあります。時系列で見たVBBsのROAの変動幅はGSIBsのそれに比べて小さく、収益のブレ幅が安定的に推移していることがわかります。

○ROE＊については、過去10年の平均がGSIBsでは7・8％、VBBsは7・1％です。VBBsの水準は低いものの、変動率も小さいようです。ROEは、自己資本の水準に影響を受けますが、その水準が低いGSIBsはむしろより多くリスクをとってROEを高めているということがわかります。一方でVBBsは、エクイティ関連の投資家に対しても適切なリターンを提供できているということを示しています。

＊ROA…Return on Asset　当期純利益／総資産
＊ROE…Return on Equity　当期純利益／純資産

時系列の数値の変化を見るとVBBsは、貸出、預金、資産、自己資本、そして総利益のいずれにおいても、その増加率はGSIBs上回っています。高い成長を促しているひとつの要因は、VBBsが比較的小規模でありながら、顧客からの高いロイヤルティーと低い解約率に支えられていることにあるとGABVは分析しています。

このレポートから見えてくることは、金融機関が実体経済にかかわる領域に自分たちの資金を投融資すればするほど、結果として財務的にも長期的な成果がもたらされ、投資家が求める安定的なリターンを満足させることができるということです。

エシカル消費という言葉が用いられるようになり、市民は、何におカネを使うかを選択するようになっています。意図を持ってフェアトレードのコーヒー、紙ストロー、有機野菜、パームオイルを使わない石鹸などを選択する市民はこれからも増えていきます。

金融においても、預金者が自分のおカネをどこに預けるかを意識し始め、それが財務的な成果にも影響し始めていることをこの報告書は示しています。

VBBsが利益を目的としていないのに、結果として持続的な利益があげられるの

	2017		2012		2007	
実体経済	VBBs	GSIBs	VBBs	GSIBs	VBBs	GSIBs
貸出 / 総資産	71.8%	41.5%	71.6%	38.3%	70.5%	40.7%
預金 / 総資産	73.9%	54.8%	79.4%	49.2%	68.5%	46.2%

資本力						
自己資本比率	8.3%	7.4%	8.4%	6.4%	7.5%	5.2%
Tier1 比率	12.7%	15.3%	12.4%	13.5%	12.0%	8.3%
リスクアセット / 総資産	57.6%	42.4%	61.8	39.3%	64.4%	47.1%

財務収益及びボラティリティ	5Y(2013年から2017年)		10Y(2008年から2017年)	
	VBBs	GSIBs	VBBs	GSIBs
ROA	0.61%	0.61%	0.59%	0.57%
ROA – 標準偏差 0.18%		0.22%	0.23%	0.57%

ROE	6.9%	7.9%	7.1%	7.8%
ROE – 標準偏差 2.0%		3.1%	2.7%	5.8%

年間平均成長率	5Y(2013年から2017年)		10Y(2008年から2017年)	
	VBBs	GSIBs	VBBs	GSIBs
貸出	9.9%	4.1%	13.1%	4.3%
預金	8.1%	4.0%	12.3%	5.6%
財産	8.5%	0.9%	11.6%	2.9%
株式	8.9%	4.4%	12.8%	8.2%
総収入	6.3%	0.4%	7.1%	1.8%

はどうしてでしょう。それはＧＳＩＢｓとＶＢＢｓのビジネスモデルの違いにヒントがあります。ＧＳＩＢｓがマーケット規模の拡大を追求するのに対し、ＶＢＢｓは範囲が絞られるコミュニティとの長期的関係を大切にしています。たとえるならば、ＧＳＩＢｓが合理性と効率を追求する「巨大な機械」であるのに対して。ＶＢＢｓは、顧客との有機的なつながりを大切にする「生命体」です。

機械も生命体も、金融をとりまく激しい環境変化のなかで生き残ろうとすることは同じです。ただ、生き残ろうとする対応の仕方が異なります。先ほども紹介したドイツのＧＬＳ銀行の事例で紹介しましょう。

ＧＬＳ銀行は２００８年の金融危機以降、日本と同じくマイナス金利政策下での利ざやの縮小により収益力の低下に直面していました。このような状況では、多くの銀行は預金ではなく、中央銀行からのマイナス金利での資金調達や債券投資などでその低下を回避しようとします。しかし、実体経済を重視する原則に従うＧＬＳ銀行はそうした対応策を選択しませんでした。

ＧＬＳ銀行は顧客に対して、「ＧＬＳコントリビューション」という寄付の名目で年間60ユーロの年会費の負担をお願いすることにしたのです。これは銀行業界でも例がないことでしょう。通常の金融機関は口座維持手数料という名目で手数料を徴収しますが、ＧＬＳ銀行は寄付という形式を選択しました。この提案に対する採択は顧客が参加する総会で行われ、参加メンバーの圧倒的多数である80％がＧＬＳコントリビューションに賛成したそうです。

２０１７年からこの制度は導入されましたが、これにより口座を解約した顧客は１％未満であったということです。顧客は、ＧＬＳ銀行を存続させなければいけないという選択をすることになったのです。

日本の金融機関でこれと同じ行動をした場合どのようなことになるか、深く考えさせられる事例です。

●第5の原則

透明性があり、包括的な企業統治を行う

GABV事務局長のマルコスは「Are you ready to become a banker?」というテーマでTEDx Gracia*でのスピーチで次のように述べています。

「あなたが銀行におカネを預けるときには、あなたのおカネをどのように使ってほしいのかを自分で考えて銀行を選択しなくてはいけません。そして銀行に対して、あなたのおカネで何をしているのか尋ねなくてはいけません。これは、透明性がある銀行に対してしかできないことです。透明性がないということは、選択する自由を奪われているということでもあります。おカネが世界を回していることは確かですが、あなたの善良な意図があれば、世界を別の方向に動かすことができます。私はいつの日か、世界中のすべての銀行が透明性を確保し、人々の価値観によって世界が動かされていくようになることを願っています」

＊TEDxGracia…アメリカに本拠地を置き、プレゼンテーションイベントを組織する非営利団体TEDから公式にラインセンスを受けて行われるプレゼンテーションイベントのこと。TEDxGraciaはスペインで開催されている。日本でもTEDxSapporo、TEDxKyoto、TEDxTohokuなどが開催されている。

「Are you ready to become a banker?」TEDx Gracia
https://www.youtube.com/watch?v=LgI0ViiFIJY

これは、そのときのスピーチの一部のみの紹介ですが、素晴らしいスピーチですので、ぜひフルバージョンを見てください（ＹｏｕＴｕｂｅで見ることができます。アドレスは上記）。

透明性というと財務情報などを開示し共有するという印象を持たれると思いますが、ＧＡＢＶが唱えている透明性はもう少し踏み込んだ表現です。

そもそも、透明性（Transparency）は共有（Share）とは異なる概念です。

共有とは、情報を持っているもの、多くは情報を取り扱う権利を持っているものがその情報を開示するということです。

一方で透明であるということは、どの利害関係者であっても、同等の権利を持っているということです。つまり共有とは、権力や情報を持つものによる一方向の情報開示であり、透明性とはステークホルダーを広くとらえて双方向にフラットに情報にアクセスできるという状態を指しています。

第5の原則としての透明性は、その他の原則である「トリプル・ボトム・ラインアプローチ」や「リアル・エコノミー」などが実際に行われるうえでの仕組みとして大切にされるべきものです。

GABVが求めているのは共有とは異なる「徹底的な透明性」です。GABVは第5の原則に対してこのように説明しています。

「バリュー・ベース・バンキングは、企業統治とその報告において、高い透明性と包括性を維持しています。ここでいう包括性とは、株主や経営層に限らず、金融機関の幅広い利害関係者であるコミュニティに対しても能動的な関係を保つことを意味します。」

２０１９年９月に発効した国連環境計画金融イニシアティブによる「国連責任銀行原則」でも、その原則の一つとして「透明性と説明責任」は明記され、次のように宣言文に織り込まれています。

「私たちは、これらの原則の個人および会社としての実施状況を定期的にレビューし、ポジティブおよびネガティブインパクトと社会の目標への貢献について透明性と説明責任を果たします」

ＧＡＢＶに加盟している金融機関は様々な方法でこれを実践しています。先に紹介したマグネットバンクのセクター・コミュニティ・ローンや、トリオドス銀行で行われていた融資先の情報を顧客にオープンに示す仕組みは、透明性を実現させている典型的な取り組みと言えるでしょう。

ＧＡＢＶに加盟している金融機関の多くは、どんな事業に融資や投資を行っているかについて様々な手段を使って開示しています。

どの企業や地域におカネを投資しているかを正確に伝えるために、社員や顧客を交えた対話のイベントを定期的に設定し、オープンなディスカッションを行っている金

トリオドス銀行のホームページ（http://www.triodos.com）からは、投融資先の所在や事業内容を確認することができる。地図はGoogleマップ。

融機関もあります。

トリオドス銀行は、WEBサイトのGoogleマップ上に、トリオドス銀行が資金を提供した事業がどこに所在しているかを公開しています。預金者がそのドットをクリックすると、自分が預けたおカネが、どこで、どんな事業に使われているかについて知ることができます。GLS銀行では、バンクシュピーゲルという雑誌を定期的に発行しており、そこにはその期間に実施された新規融資の明細がエピソードとともに紹介されています。

自分が預けたお金がどのように使わ

れているかについて透明性が確保されていない銀行に対する、抵抗運動の事例も紹介しましょう。社会的課題を生みかねない事業から、投資家が投融資資金を引き上げるという活動が世界では増えてきています。これはインベストメント（投資）の反対の意味でダイベストメント（投資撤退）と言います。

ここでＧＡＢＶメンバーであるベネフィシャルステート銀行が取り組んだダイベストメントの事例を紹介します。

事例⑤　ダイベストメントを主導　～ベネフィシャルステート銀行（アメリカ）

トランプ政権が推し進めていた米国中部での「ダコタ・アクセス・パイプライン」の建設が、森林破壊などの環境破壊のリスクがあるだけでなく、先住民であるネイティブ・アメリカンの居住地を通ることが問題視されていました。

これに対し、２０１７年、米国や海外の主要機関投資家１００以上がこの建設プロジェクトに資金を提供している世界の銀行17行に対し、プロジェクトへの懸念に適切に対応すべきとの共同声明を発表します。

パイプライン経路には先住民ネイティブ・アメリカン部族の居住地が多くあり、水源のミズーリ川や同族の聖地が汚染されることを懸念し抵抗運動が起きていたのです。

このときに"Move Your Money"と銘打ったダイベストメントのキャンペーンを行ったのがGABVに加盟しているベネフィシャルステート銀行（Beneficial State Bank）です。同行らが中心となって組成したチームは、オンラインで「ダコタ・アクセス・パイプライン」の建設が及ぼす影響についての情報を発信したことでメディアの注目をあび、多くのSNSフォロワーを獲得します。

認知度が高まるにつれて、チームは取引する銀行をどうやって選択するかをガイドするツールキットを配布するなどの運動を行いました。この運動は金融機関に対して預金者が声を上げるダイベストメントの運動として世界中で注目を集めました。

（「ダコタ・アクセス・パイプライン」の建設はその後も進行しており、2019年時点でもそれを差し止めようとする複数の法廷闘争が継続しています）

●第6の原則

上記の原則が、金融機関の企業文化の中に織り込まれている

６原則の最後は、他の原則に比べても最も根本的であり、かつ最も実現が難しいものかもしれません。ここでフォーカスしているのは「カルチャー」です。

みなさんが、金融機関の経営に携わる立場にありバリュー・ベース・バンキングの考え方に賛同したとして、どこから手をつけるでしょう。

それは、新たに戦略を立て直した事業計画を策定することかもしれません。バリュー・ベース・バンキングの原則に照らしながら、営業戦略や店舗戦略、人材育成戦略を書き換える必要があるかもしれません。

あるいは、審査の基準や、組織や人材の評価制度などに新たな仕組みの導入を検討することもあるでしょう。先行するＧＡＢＶに加盟している金融機関の取り組みに習えば参考にできることも多くあるでしょう。

また、新たに組織の陣立てを組み直す必要があるかもしれません。新たに部署を設

置したり、組織再編したりする必要があるかもしれません。情報を透明にし、これまで以上に現場への権限委譲を進める必要があるかもしれません。

しかし、これらにどれだけ取り組んだとしても、バリュー・ベース・バンキングを実現することはできないでしょう。それが指示命令や仕組みによるコントロールだけではなく、組織に関わる一人ひとりが自立的に、一体感をもって、存在目的を進化させ続けていく組織文化がなければ持続可能性はもたらされないからです。

ＧＡＢＶは6番目の原則「カルチャー」について次のように説明しています。

「バリュー・ベース・バンキングでは、上記の原則が組織内の企業文化にまで織り込まれる努力を行い、あらゆるレベルでの意思決定に日常的に使われています」

「組織文化」とは、何かを決めるときの良し悪しの判断基準となっているものです。それはルールやマニュアルで表現されているものだけでなく、働く人の中に生まれる共感によって、誰かに指示されることがなくとも自立的に行動することができる原点になります。

つまり組織文化とは、組織の行動や意思決定を「どのように実行するのか」ではなく、「なぜ、それをやるのか（Ｗｈｙ）」という存在目的と密接に関わっています。

ＧＡＢＶに加盟している金融機関は、スコアカードというレビューブックをＧＡＢＶに提出します。スコアカードには、この「Ｗｈｙ」についての記述が求められます。実際そこにどんな「Ｗｈｙ」が書かれているか、いくつか見てみましょう。

①ブラックバンク

「当行のリーダーシップとガバナンスは持続可能性に焦点が当てられており、リーダーの多様性がその文化を反映しています。

取締役会はトリプル・ボトム・ライン（人と地球と繁栄）のアプローチを堅持し、この価値が組織全体で維持されるようにします。

ブラックバンクは、リーダーを選ぶ際に、透明性、誠実性、オープンマインド、アサーションといった価値を強く支持しています」

②バンシティ

「バンシティは価値に基づく金融協同組合として、銀行業務の方法を変革し、会員や地域コミュニティが経済的、社会的、環境的に繁栄できるよう支援しています。『富を再定義する』という私たちのビジョンは、会員や従業員の満足度や収益性に対する伝統的な経済指標を超えて、成功の定義を拡張する必要があります。

バンシティの取締役会、ＣＥＯ、経営幹部チームは、会員が住む地域社会を代表しています。私たちは、ビジョンと価値に沿ったリーダーを求めています。多様性を尊重するのは、社員や地域社会のニーズを理解し、それに応えるためです」

③トリオドス銀行

「トリプル・ボトム・ライン（人と地球と繁栄）アプローチが組織の中核にあり、リーダーシップやガバナンスへのアプローチを含めてすべてを決定します。

トリオドス銀行のすべての職員、特に指導的立場にある人々は、当行の業務を支える持続可能な価値との親和性と専門知識に基づいて採用されます。当行は、より多様なマネジメントがより健全な文化を生み出し、組織の成果にプラスの影響を与えると信じています。

すべてのトリオドス銀行の役員会は、国籍、年齢、経験、経歴、性別を適切にバランスさせ、十分に多様化することを目指しています。

当行は上場しないことを選択しており、トリオドス銀行の株式を管理するSAAT財団(the Foundation for the Administration of Toriodos Bank Shares）の役員会が投資家の委任を受けて、投資家の経済的利益の保護とトリオドス銀行として使命の履行と継続性を監視する任務を果たしています」

④第一勧業信用組合

○「日本では人口減少や地域経済の縮小が、地域コミュニティの持続に深刻な影響を及ぼしています。そのなかで、当組合は地域コミュニティや地域間の資金循環を活性化させるコミュニティ金融のフロントランナーとして地域創生の起点となることを目指しています。

○「地域とのふれあいを大切にし、皆様の幸せに貢献いたします」という経営理念を制定しました。また、この経営理念にそって、基本方針を定めており、これを職員の行動基準としています。

基本方針

・「人とコミュニティの金融」を実践します

・「育てる金融」で未来を創造します

・「志の連携」で社会に貢献します

○当組合は非営利・相互扶助の精神に基づく協同組織金融機関として、「人とコミュニティの金融」を標榜しています。地域に根ざした人と人との信頼に基づくコミュニティとのふれあいを大切にしています。

○当組合は「オープン&フォワード」の精神を大切にしています。志をともにするステークホルダーとオープンに連携を進めています。また、人・事業・コミュニティ・街づくりを未来に向かって応援する「育てる金融」を実践しています」

◇

金融庁は2019年に、地域金融機関に対して、その経営理念が浸透しているかについて点検に乗り出すと公表しています。金融機関の経営理念が不在だったり、形骸化したりしていることが、収益だけを目的とするノルマ営業の管理体質を助長していることを懸念しての対応です。

実際に日本の多くの金融機関は「地域密着」や「顧客第一」などの経営理念をかかげています。「経営理念」を額縁に入れ、手帳やカードにして配る、朝礼で読み合わせるなどの活動をしている金融機関は少なくありません。それでも、金融庁が懸念するほどまでに経営理念が浸透しないのはどうしてなのでしょう。

そもそも、経営理念は「浸透」させるものでも「導入」するものでもありません。経営者自身が経営理念の実践者かつフォロワーとして、社員とともに対話しながら進化させていくというスタンスをとらなくてはなりません。「経営理念」は一部の限られた人が決めて推し進めていくのではなく、組織全体として探求し続けていくことによって、気がついた時に文化として昇華されていくものなのです。

ＧＡＢＶの事務局長のマルコスもこのように言います。

「経営理念は、壁にかけられていたり、経営者がつぶやいたりしていても、組織の文化にはなりません。従業員と一緒に座って対話し、その経営理念がある銀行で働きたいと思っているかを感じとることが大切です」

組織の中に文化を育んでいくためには「対話」が不可欠です。対話を通して変革を文化として定着させ実践している事例として，先ほども取り上げた，カナダのバンクーバーにあるバンシティという協同組織金融機関のケースを紹介しましょう。

事例⑥　多様性ある対話からの変革　～バンシティ（カナダ）

バンクーバーは人口の半数以上の第一言語が英語ではないという、カナダの文化や民族の多様性を体現している都市と言われています。バンシティは先住民のコミュニティへの支援など、社会の持続可能性にコミットした地に足のついたサービスが支持を集め、地道な成長を続ける金融機関です。

GABVのホームページに公開されているバンシティのスコアカードには、先ほど紹介した部分の後に次のような記述があります（2016年版）。

・経営陣には7人のメンバーがおり、そのうち5人は女性です。

・上級管理職全体（取締役、副社長、上席副社長、CEO）のうち女性は49％です。6％が障害があると自己申告しています。先住民の子孫はいません。32％が「目に見える少数派」に属すると回答しています。

バンシティには２％の先住民の子孫が働いていますが、あえて、ネガティブな情報として上級管理職に先住民の子孫がいないことを公表していることに、むしろこの金融機関が透明性と多様性を大切にしているスタンスが窺われます。

２０１９年2月、私はバンシティを訪ねる機会を得ました。成熟したマーケットの中で、他の金融機関と競争をせず独自性を発揮している銀行にはどのような組織文化があるのだろうか、それを確認することが訪問の目的でした。

バンシティを訪ねた我々が通された部屋は応接室でも会議室でもない、まるでキッズスペースのような空間でした。机も椅子もなく、サイコロのような四角い椅子があり、壁一面がホワイトボードになっている。私は一瞬戸惑いました。誰がどう考えても銀行の応接室だと思う人はいないでしょう。

「我々の変革はこの空間での〝対話〟から始まったのです」

案内をしてくれたヴァイス・プレジデントのローリーはそう説明しました。

バンシティは10年ほど前までは、労働者階級を中心に一般的な住宅ローンなどを提

バンシティのミーティングルームでの対話

供する、さして独自性がない金融機関でした。変革の起点となったのは、やはりリーマンショックでした。

CEOであったタマラ・ヴローマンは、ルーツである協同組織金融機関として顧客コミュニティの持続性を最も重要視する戦略へと舵を切り、高利貸などの犠牲にさらされていた低所得者の自立を促すローンの取り扱いとそのサポート体制を強化していきます。そしてGABVに加盟し、さらに変革を推し進めたのです。

リーダーシップをとったのはタマラでしたが、すべてがトップダウンで進められたわけではありませんでした。具体的プロセスは他の金融機関の真似や外部コンサルに頼ることなく、現場の社員がひたすら対話を繰り返して変革に取り組んでいったといいます。「自分たちが目指しているものは何なのか」「どういう存在であれば、自分たちは幸せなのか」と言う問いを持ち続け、ビジネスモデルや組織の在り方を模索していったのです。その対話の相手には融資先や預金者であるコミュニティ・パートナー（バンシティではこう言う表現をしています）メンバーも含まれています。

招待されたキッズスペースは、「対話」のために改装された部屋の一つでした。だから我々もその対話のパートナーとしてその部屋に通されたのだと気付きました。ローリーはそのプロセスを、現在も続く「ロング・ロング・ジャーニー」だと表現しました。

作成プロセス自体が意味をもつスコアカード

ここまで、GABVの6原則について触れてきました。

先にも紹介しましたが、GABVは、バリュー・ベース・バンキングの6原則が金融機関のビジョン・戦略・実践としてどの程度のレベルで展開されているかを計測する手段として、スコアカードというレポーティングの仕組みを構築しています。

これは、金融機関がバリュー・ベース・バンキングを展開するうえでどの段階にいるかを把握し、弱点を克服し、次のステップへ向けてのフラグを立てるものでもあります。

簡単にスコアカードの概要を説明しましょう。

GABVスコアカードは、定量要素と定性要素の二本柱で作成します。

定量要素には、銀行の財務の健全性を示す、総資産利益率や自己資本比率、不良債権比率などに加え、6原則に従いどれだけ実体経済に向けた金融仲介を果たしている

スコアカードの全体構造

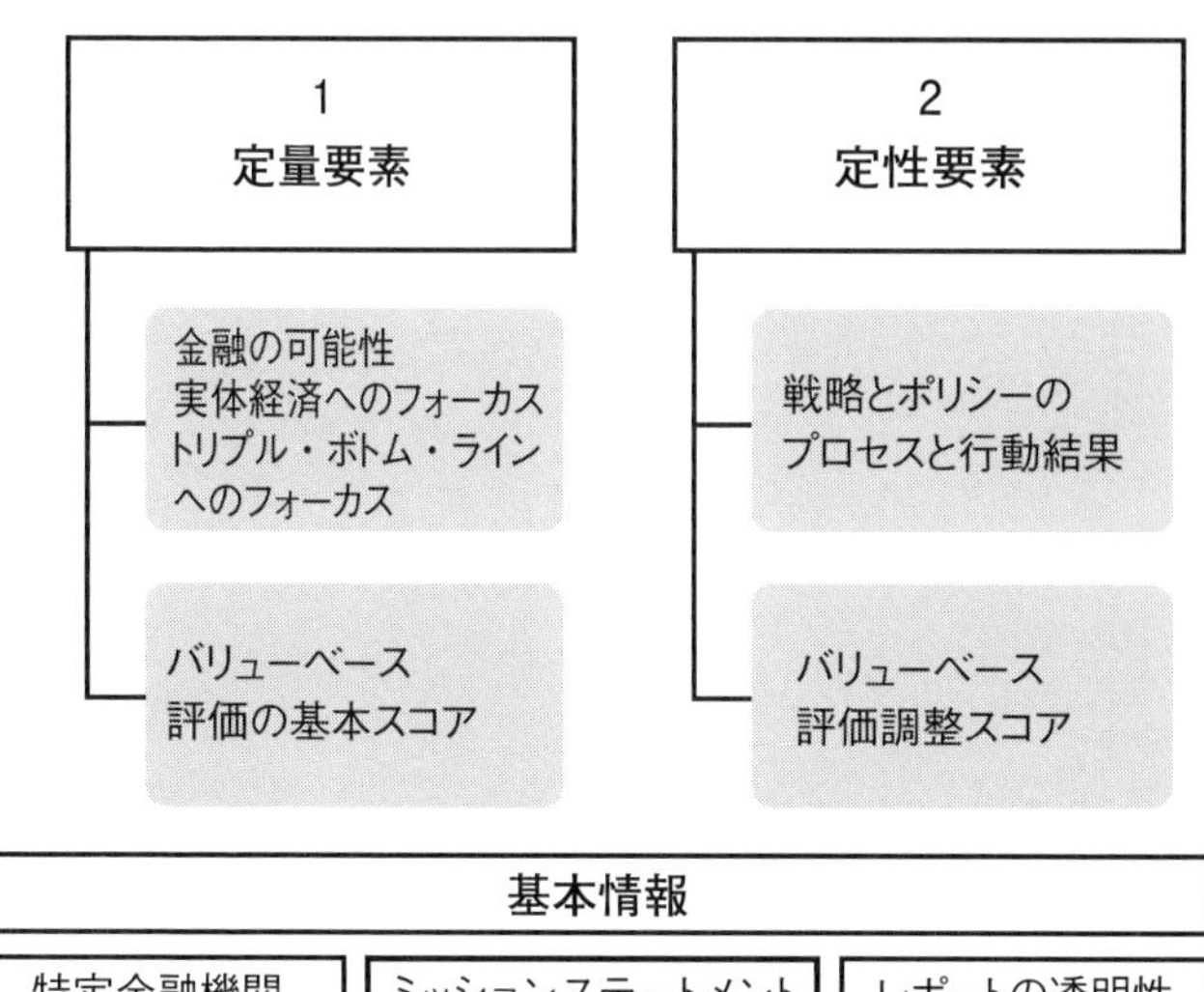

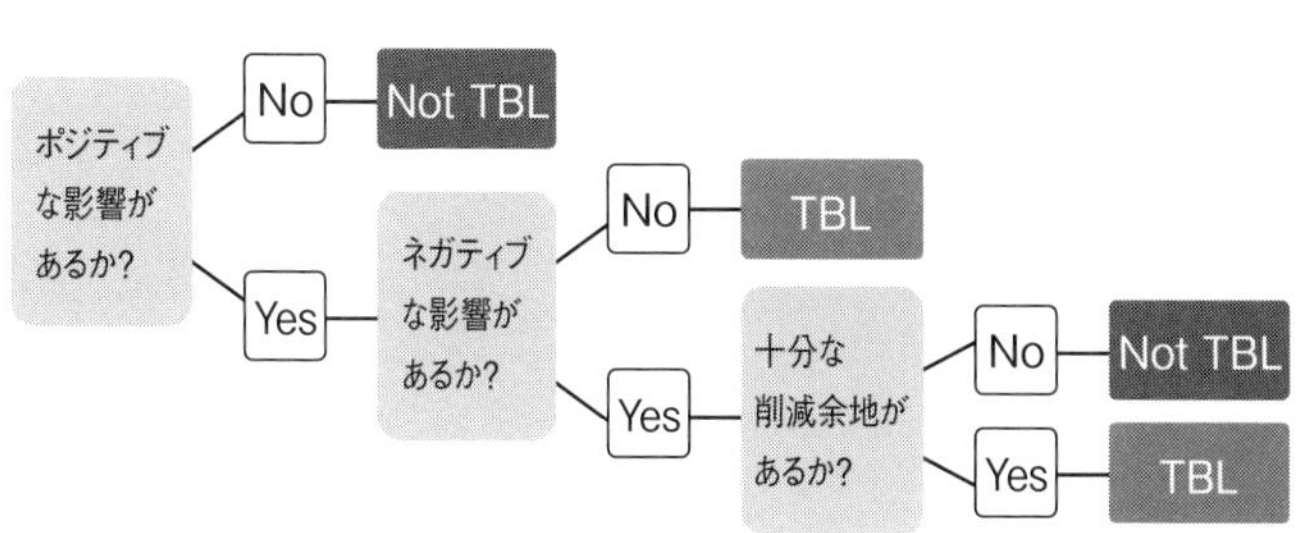

か、トリプル・ボトム・ラインにそった金融仲介をどれだけ行っているかも定量的に計測して報告する仕組みになっています。

実体経済の金融仲介、つまり金融市場での売買にフォーカスするのではなく、財・サービスの生産を直接支援することが仲介の目的であることを独自の分析スキームで判定しています。

また、トリプル・ボトム・ラインのアプローチに沿った仲介機能についても判定します。

実体経済と金融経済の仲介に対しては、その金融仲介の活動がPeople、Planet、Prosperityのいずれかの分野でポジティブな影響を与えているか、またはネガティブな影響を与えていたとしても、それを削減しようとしているか、によって金融機関の資産がトリプル・ボトム・ラインに該当するかどうかが判定されます。

次に定性要素ですが、ＧＡＢＶのスコアカードの定性要素は次の6項目に分かれています。

・リーダーシップ

・組織構造
・商品・サービス
・管理システム
・人事
・成果報告

そして、それぞれについて「Why」「How」「What」のフレームワークに沿って文書で説明することが求められます。

Why……なぜ、それをやるのか
How……どのように実行するのか
What……何を提供しているのか

前項の「第6の原則～組織文化」のなかで紹介した金融機関ごとのスコアカードは、「リーダーシップ」要素の「Why」の項目に記載されていたものです。

たとえば、どんな商品やサービスを提供するかのＷｈａｔや、どうやって実行するかのＨｏｗは見えやすくわかりやすいものですが、Ｗｈｙはそれらの源である、そもそもそれをなぜやろうとしているのか、どんな未来を作りたいと願っているのかという理念に近づいていくところになります。実際にスコアカードを作成してみるとわかるのですが、ＷｈａｔやＨｏｗを記述するのはそんなに難しくありません。もっとも苦労するのがＷｈｙのところになります。「なぜ、それをやるのか」「組織は何のために存在しているのか」――そんな問いを立てざるを得ないからです。

ＧＡＢＶスコアカードは、ＧＡＢＶに加盟申請するときにも必要でしたので、第一勧業信用組合も作成しました。そのときの試行錯誤については、序章で新田さんが触れています。そのエピソードにも紹介されていたように、これは大変なプロセスでした。そこにかかわることができたことは、参加したメンバーにとってかけがえのない経験だったと思います。

コラム

組織文化を生み出す「対話」

金融庁が「探究型対話＊」という言葉を用い、対話の重要性を強調するようになっています。混同されやすいですが「対話」とは「議論」とは異なるものです。

「対話」と「議論」の違いについては、拙書『対話する銀行』で詳しく説明しているので、ここでは短く説明します。

「議論」とは、誰の意見が「正しい」かについて勝敗をつけることです。英語ではディスカッション(discussion)です。ディスカッションの語源はパーカッション(percussion)と同じ「たたく」ということ、つまり「相手を打ち負かす」というところからきています。

議論とは、自分が正しいと信じていることを証明するための戦いです。目的は結論としての「答え」を出すことです。引き分けになったり、落としど

＊探究型対話…金融庁が平成29年12月に公表した検査・監督基本方針で用いた用語。金融機関が経営環境の変化を先取りし、ベストプラクティスを実現できるよう、対話型のアプローチを推奨している。

ころが決まったりする場合もありますが、いずれにせよ、そこで勝敗は決します。実は、我々が会議でやっていることの大半はこの議論です。

「議論」では、そこから生み出されるアウトプットが、もともと参加者が持っていた知識や経験のレベルを超えることはありません。つまり極端に言えば、過去の延長の未来を描くプロセスに過ぎないということです。会議や交渉のなかでしていることは、ほとんどが「議論」である可能性があります。みなさんには何かを決めるという役割があるので、それは当然に必要なことであり、それがよい・悪いといっているわけではありません。

一方で「対話」とは、未来を出現させていくプロセスです。目的は結論ではなく、「問いを探究し続けること」です。

「対話」は英語でいうとダイアログ(dialogue)です。ダイアログの語源は「意味や言葉(logos)の流れをつくること(dia)」だといわれています。

対話には戦いはなく「対話」はすべての意見がその人にとっての真実であるという考え方に立ちます。「対話」の手法にはいろいろなものがありますが、すべての意見をテーブルの上に乗せて、話し、聴き、そして感じるという基本の所作は同じです。

対話を重ねていくと、もともと各人が持っていた意見の単純な総和にとどまらない性質が全体として現れてくることがあります。相手の立場に立ち、多様な見え方を受け入れることによって、モノの見え方がガラっと変わってしまう、あんなに自分が一生懸命に証明しようしていたことさえバカバカしくみえてくる、つまりパラダイムシフトが起こるのです。そして、最初にはこの存在していなかった、新たな意味のようなものが、突然立ち現れます。この現象を創発(emergence)といいますが、この創発は「議論」をどれだけ繰り返しても絶対に起こり得ません。

創発されるものは、これまでの概念を超えた価値であるイノベーションだったり、新たな組織文化だったりします。参加者がもともと持っていた範囲を超えずにその内側で物事が決着していくか、そこに新たな創発が立ち上がってくるかどうかが、「議論」と「対話」の大きな違いです。
バリュー・ベース・バンキングのカルチャーを育むには、対話が不可欠です。実際にGABVの活動の多くは対話によって成り立っているのです。

（江上広行）

第4章
金融機関で働く人たちが自分の仕事に誇りを持つために

対談　新田信行×江上広行　〈後編〉

地域金融機関こそが地方創生の中心に

――前回の対談では、ＧＡＢＶがどのような考え方を持ち、何を目指す組織なのか、また、お二人が中心になって設立されたＪＰＢＶについて、そこに込めた思いなどを伺いました。そのなかで、重要なキーワードとなっていたのが、金融機関のパーパス、存在目的ということだと思います。このあたりのところから、後半のお話を始めていただけませんか。

新田　前回の最後に、地域金融機関の目的は地域の繁栄にあると申し上げました。ただ、現実を見ると、いま地方経済は衰退している。ということはつまり、そこの地域金融機関は自分たちの目的を果たせていないということになります。

じゃあ、どうすればいいのか。私がいつも言っているのは、自分のところだけで無理なら、他とつながるしかないでしょ、ということなんです。

まず、地元の自治体と緊密に連携することは不可欠だと思いますが、ただ、それだけでは、地域を元気にすることは難しいと思います。地域に存在する経営資源、具体的には人・物・金・情報ですが、これらを全部、金融機関が仲介していくような取り組みをしていかないと、地方創生は進まないでしょう。地域金融機関というのは、地域の人・物・金・情報が集積している場所なんです。ですから、地域金融機関こそが地方創生の中心になり、さらに他地域とのネットワークを拡げていく必要がある。

地域金融機関には、金だけじゃなく、人や物や情報も集まっているのだということをよく認識して、もっと積極的にかかわっていかないといけないと思いますね。

江上　お話を聞いていて、地域金融機関が目的を果たしていないというのはそのとおりだと思います。ただ、付け加えるなら、地域金融機関は社会課題を解決しようとしていないどころか、社会課題を生み出している面もある。そこを意識してほしいと思うんです。たとえば、地域社会のためにならないような事業にお金を貸すことも社会課題をつくり出す行為でしょうし、さらに言えば、優秀な人をたくさん採用して、その人たちの人生をつまらないものにしているとしたら、それも大きな社会課題をつくり出していることになるでしょう。そういう意味では、どんな企業も社会課題を自ら生み出しているという捉え方もできると思うんです。

皮肉な言い方になるかもしれませんが、いまの金融機関の経営者は、社会課題を解決すると言う前に、自分たちが社会課題をつくっていることを自覚すること、そして、やめるべきことをやめる。それが社会課題の解決に向けた第一歩のように思っています。

新田さんが理事長に就任したばかりのときに、お客様や職員の命を守るためにまずは店舗の補修工事をしたというお話を伺いました。私はその話を、自分たちが社会課題をつくり出していることを自覚して、自分たちの足元から始めたという事例だと受け止めました。

私は、リーダーになれる人というのは、自分が社会課題を生み出していることに自覚的である人だと思っています。逆に言えば、そうした人しか真のリーダーにはなれない。自分と自分以外を切り離して「これが課題である」と特定しそれをコントロールすることは、リーダーシップではなくてマネジメント*です。自分が問題を作り出している張本人だから、自分が変革の起点になれるのだという自覚があるから、それがエネルギーとなって、変革を進めていけるのだと思います。

＊リーダーシップとマネジメント…両者は混同されやすいが、区分して考える必要がある。経営学者のジョン・コッターによると「リーダーシップ」とは「組織をより良くするための変革を成し遂げること」で、「マネジメント」は「複雑な環境にうまく対処し、既存のシステムの運営を続けること」とされている。

目指すべき関係はエンゲージメント

江上　組織の話をします。人間の体を一つの組織にたとえると、「心臓が偉い」とか「胃が偉い」とかという階層はなく、すべての臓器が個々に役割を担っていてそれぞれがつながって人間という生き物になります。これと同様に、組織においてはすべての職員がそれぞれの役割を担っているということであり、どこが上か下かというヒエラルキーはありません。ヒエラルキーがあるとしたら、それは部品が集まって、組み立てられている機械のような組織です。機械は命令に従って効率的に動きますが、人間のように自分で考えてあっちに行ったり、こっちに行ったりはしません。

生き物のような組織*は、自分たちで進化しようとする衝動を持ちます。そこには、社員みんなが「自分たちは何のために存在しているのか」という問いを絶えず持ち続け、それをアップデートさせ続けています。それが、経営理念です。経営理念も生き物のように進化します。

前回の対談で「人間性回帰の時代」について新田さんがおっしゃいましたが、こ

＊生き物のような組織…『ティール組織』の著者フレデリック・ラルーは、このように信頼で結びついている組織を生命体の色にたとえて「ティール組織」と名付けた。一方で、目標達成のためにヒエラルキー構造をつくり科学的な管理を行う組織を、果実の色にたとえ「オレンジ組織」としている。

れは働くもの同士の信頼と、もう一つは一人ひとりの自立性、セルフマネジメント*の問題に行き着くと思います。セルフマネジメントをわかりやすくいえば、自分の幸せを勤めている会社に依存しないということです。「この会社の仕事はつまらない」と言うことは勝手ですが、それは自分の人生を「他人が教えてくれないからわからない」と言っているのと同じことです。

自分は一人で生きていくことができるのだけれども、その会社の理念・パーパスに賛同しているからその会社で働くことを選択しているという自立性が大切になります。経営理念には社会性が求められ、個人には一人ひとりの大切にしたい人間性がある。それらを一緒くたにせずに、いったんは分けて考えたほうがすっきりします。

新田　その意味では、相互関係性の問題だと思いますね。インタラクティブ（双方向）なものとして考えていく必要があるということでしょう。

私は前著のなかで「ＥＳ（従業員満足）なくしてＣＳ（顧客満足）なし」と書いたのですが、いまはちょっとこの考え方を修正したい気持ちでいます。なぜならば、満足とはプロダクトアウト型のマーケティングのように、一方通行だからです。「お客様が満足する」「職員が満足する」ということを一方通行的ではなくて、双方向

＊セルフマネジメント…組織を取り巻く環境の変化に対して、誰かの指示を待たず、適切なメンバーと連携しながら自主的に迅速に対応すること。上から指示がおりてくるピラミッド型組織とは対照的に、セルフマネジメントが浸透している組織ではお互いにアドバイスをしつつ、独立した個人が積極的に意思決定をするようになる。

の関係にしていかなければいけないと思っています。これはたぶん、エンゲージメント*の話になってくるのでしょう。

エンゲージメントについては、「個人と組織が一体となり、双方の成長に貢献し合う関係」などと定義づけられていますが、日本語ではなかなか言い表しにくい概念ですよね。

江上　ええ、日本語では言い表しにくいですね。

新田　私はエンゲージメントについて、「お互いに影響し合い、ともに必要な存在として、きずなを深めながら成長する関係」と理解しています。会社はこの社員を必要としている。社員も会社を必要としている。そうしたなかで、お互いに、ともに必要な存在として、きずなを深めながら成長していく――。

これは顧客エンゲージメントもそうです。私たちにとって、このお客様は必要であり、お客様も第一勧信を必要としてくださる。そのなかでお互いに影響し合いながら、ともに必要な存在としてきずなを深めて成長していく。私はこのように、同じ目線で対話をしながら、きずなを深めて成長していくような関係性が築けたらいいなと思っています。

*エンゲージメント…従業員が現在働いている会社に対し、どれだけ信頼しているか、どれだけ貢献したいと考えているかという愛着を表す概念。従業員満足度が、従業員の「満足度」のみを示しているのに対し、エンゲージメントは従業員一人ひとりの中に「信頼関係」や「心からの愛着」があることが大切であるとされている。

ただ、そのような組織を目指したいとは思うのですが、率直に言って、私は組織論がそれほど好きではありません。組織は目的ではありません。私たちは何をしたいかという目的が大切であると思うからです。そのための組織文化を創りあげることが重要だと感じています。

江上　その考え方は理解できます。ただ、私はやはり、組織に関心がありますね。一人ひとりの意図や特徴が、組織になったとき、1プラス1が2以上になるような組織とはどういう組織なのか。それを探究したいと思っているんです。一人ひとりが違うという多様性が組み合わさったときに、もともとあったものとは違う価値が創出されることが組織のダイナミズムなのだと思っています。

しばしば鳥の大群にたとえるのですが、鳥はただ飛んでいるだけなのでしょうけど、群れとして集まった途端に、全体で一つの模様を描くようになります。それと同様に、一人ひとりが自分らしくありながらも、その多様性が組み合わさって集合体になったときに違うものがあらわれてくる。

そして、そのような組織を作り上げていくために必要なのが理念やパーパスであると思っています。

いまは残念ながら、一人ひとりのパワーが組み合わさっても、マイナスアルファになってしまっている金融機関をよくみかけます。だからこそ、どうすれば組織に個の集合を超えた創造性を生み出すことができるのかに関心を持っているのです。

新田　あとは時間軸ですね。お互いの関係性のなかで成長というか、新たな価値が生まれてくる。要は自分一人では実現できないことが、一緒に取り組んだから、時間軸のなかで実現できたという双方向の動きとなれば理想的でしょう。

世界をありのままに見ることが必要

――組織論にしても、やはり、重要なことは理念、目的ということですね。

新田　そうですね。やはり、パーパス、バリューです。カルチャー、ビジョンの構築と、その共有化を果たさないといけません。そうしないと、結局、「自分で考えよ」と言っても、一人ひとりがバラバラでつながらなくなってしまう。前回の対談で出した言葉を使えば、「心の接着剤」が必要だということです。

江上　大事ですよね。

新田　ええ。でも難しいです。当組合も、まだまだこれからです。でも、それができたら、自分たちはサスティナブルだと言えるようになると思うんですよね。

正直言って、私はかなりフロントランナー的に様々なことに取り組んできたつもりです。しかし、いずれは他の金融機関に追いつかれると思ってもいました。事業性評価、目利き力で秀でたといっても、それはおそらく3年のうちに、他の金融機関も構築できるでしょうから。創業支援にしても、本気になれば、たぶんどこの金融機関もやれます。

そう思うにつれて、独自の世界を早く作り上げないといけないと強く考えるようになりました。明らかにオンリーワンの組織になれば、私たちは間違いなく生き続けることができるでしょうから。

当組合が先行メリットをとっている間に何をやるか。そう考えたとき、それはやはり組織文化なんですよね。理念、コアパーパス、コアバリュー*の共有化を果たし、確固たる組織文化を作り上げることができれば、もはや狭い壁の中で競争する必要もなくなる。壁の外で生きていけると思うのです。

壁のなかは、多くの競合相手がひしめき合っているレッドオーシャンです。外に

＊コア・パーパス、コア・バリュー…一般社団法人コア・バリュー協会の説明によると、コア・パーパスとは、「中核となる目的」、言い換えれば「会社の存在意義」のこと。会社が「何のために存在するのか」を定義したもので、コア・バリュー（中核となる価値観）を定めるうえでの基本としての役割を果たす。

ブルーオーシャンがたくさんあるにもかかわらず、みんな壁の外を見たことがないし、見ようともしない。

江上　そこの居心地がいいんでしょうね。

新田　きっとそうなんでしょうね。みんな、壁の中にいたいんだと思います。

今回、ＪＰＢＶへの参加呼びかけに対して、手を挙げてくれる人はもちろんいるわけですが、一方で、勉強することすら嫌がる人もいます。私が「こういうことを一緒にやりませんか」と声をかけても、「ついていけません」という方もいます。

しかし、冷徹に状況を直視すると、やはり、このままではジリ貧になることは否定できないでしょう。アップルやアマゾンなどが出現するなかで、私たちは現実を直視せざるを得ません。

江上　リーダーが、世界をありのままに見ることができるかどうかだと思います。自分にとって都合がいいようにしか世界を見ることができないとしたら、変化の激しい時代のなかで未来を失うリスクが高まります。自分が、絶対こうだと思っていた価値観さえも、いったん脇において考えることができる、偉大なリーダーとはそんなことができる人だと思います。

金融の世界では、根本的なパラダイムの変化が起きています。まず、おカネの定義が多様になってきています。若者を中心にお金を稼ぐことや、貯めることに執着しない人が増えてきています。彼らにとっておカネは所詮幸せになるための手段であり、道具でしかなくて、収入や残高よりも、どんなことに、どんな気持ちをもって共感を生み出しながらおカネを循環させていくかを大切にする価値観を持っています。

鎌倉投信の創業者であり、教育事業や地域通貨を手がける株式会社ｅｕｍｏの新井和宏さんなどが唱える共感資本社会*なども、その考え方に近いですね。それは、おカネを必要としない生き方をするということではなく。「おカネに意図を込める」ということですから、むしろおカネをとても大切にしているのです。金融行政方針にはいまだに「資産形成」を支援することが金融の目的と書かれていますが、私はそれが金融のメインの役割の座から降りる時代はそう遠くないと思っています。

金融の根幹である「信用」という概念さえも、いまは覆されようとしています。金融は情報を加工し、生産して付加価値を生み出している産業だとも言えますが、これまでは、権威あるバンカーが情報を独占して管理し、分析することによって信

＊共感資本社会…共感という貨幣に換算できない価値を大切に育み、それを資本にして活動していける社会。

用を築こうという概念がバンカーの価値観を支配していました。しかし、いまは情報が誰にとっても透明に、分散されていたほうが、信用が獲得できるようになっています。テクノロジーの側面からそれを支えるのがブロックチェーン*です。

こんなふうに、いままで大切にしてきた貨幣や信用の定義が覆されてしまうと、バンカーは混乱してしまいます。だから、それを見ないようにするか、独自の解釈をして自己正当化をしようとします。ソーシャルファイナンスやブロックチェーンのことを語っているバンカーを見ると、馬車を作っている人が、新しい自動車という乗り物をあーだこーだと評論しているかのように聞こえるときがあります。

しかし、世界のあるがままの複雑さに圧倒されつつも、自分の中の意図に目覚め、そこから不合理とも言える行動に踏み出すというリーダーが金融の業界にも誕生しています。

このプロセスを私はしばしば、サナギとチョウにたとえます。サナギからチョウへは変態（メタモルフォーゼ）するわけですが、その過程でサナギは一度ドロドロの液状に溶けるそうなんです。構成している組織がドロドロに溶けて、構造がチョウの形に入れ替わり殻が破れてチョウになる。つまり、価値観が一度こわれて溶け

＊ブロックチェーン…ネットワークに接続した複数のコンピュータによりデータが共有されることで、データの耐改竄性、透明性を実現する技術。分散型台帳技術とも呼ばれる。

ていくというプロセスがなければ変革は成し遂げられないのです。

経営学者のクルド・レビン*はこのプロセスを「解凍」と呼んでいます。

日本の多くの金融機関が変革の必要性を掲げていろいろと手を打っていますが、この「解凍」のプロセスを経ずにいきなり変革から入ろうとします。ここのところ日本の金融機関では、評価制度を変えたり、ノルマを廃止したりするのが流行のようですが、その大半は目的を達成できずにいます。

不連続な変革を果たした金融機関は、必ず一度は「解凍」するということをしています。

GABV6原則の最後がカルチャーである意味

――変革はやはりトップダウンで行うことになるのでしょうか。

江上 トップのパワーだけで変革が起こることは少ないと思います。私は実際に不連続な変革を成し遂げている金融機関を研究するのが好きなのですが、何となく、そこには共通するパターンのようなものがあると思っています。

＊クルド・レビン…「社会心理学の父」とも呼ばれる心理学者、経営学者。変革には従来のやり方や価値観を壊し（解凍）、それらを変化させ（変革）、新たな方法や価値観を構築する（再凍結）という３段階のプロセスが必要だとする変革のモデルを提唱した。

たとえばスウェーデンのハンデルスバンケン銀行、カナダのバンシティでは、あるタイミングで、まったく新しい、タイプが異なるリーダーが現れて、いままでとは異なる価値観を提示し始めます。１９７０年代に現れたハンデルス銀行のワランダーは、「銀行から、本部や予算をなくす」と言い始め、官僚的であった銀行組織を破壊します。２００７年にバンシティのＣＥＯに就任したタマラはリーマンショックを経て、一気にソーシャル金融の分野へ舵を切りました。

これまでとはまったく違う価値観が現場に浸透していったのは、トップダウンのパワーで強制したわけではなく、現場との対話を通じて、そこで働いている人たちが自分の人生を取りもどすかのように共感が広がっていったからです。新田さんが第一勧信さんでやってきたこととも共通していると思いますが、どうでしょう。

新田　ある意味で、私も危機意識を持って当組合の理事長に就任しました。しかし、いくら私が改革しようと思っても、トップ一人でできるはずはありません。むしろ、そんなことをすれば、浮き上がってしまって悶絶してしまうかもしれない。そこで、トップである私が、ボトムアップで改革しようと騒ぐことになる。そんな奇妙な感じが当組合でもあります。

＊ハンデルス銀行…スウェーデンの４大銀行のひとつ。“Branch is Bank”のコンセプトのもと、本部機能を極限まで縮小し、支店に権限移譲する経営手法で、高い収益力を持続的に維持している。

江上　トップダウンでボトムアップですか（笑）。

新田　そうです。ボトムアップ型の組織をつくろうと、トップダウンで私が騒いだわけです。当組合くらいの経営規模だと、トップからかなり全体が見えてしまう。ただ、かと言って、それで私がすべてを判断していったらどうでしょうか。組織としてダメになるに決まっています。

私は、どうしたら自分が牽引型のリーダーではなく、調和型のリーダーになれるのだろうかと悩んでいます。それは、トップダウンではなくて、どのようにしてボトムアップで変革を行っていくか、という話でもあります。そうでなければ、おそらくサスティナブルではないし、お客様への対応も良くならないと考えました。

――そこで、やはり、理念が重要になると。

新田　そうです。しかし、これは「言うは易く、行うは難し」です。当組合も理念の浸透は十分にできていません。まだまだです。先ほども申しましたが、もし、当組合がそれを実現できたら、たぶん、私たちはサスティナブルになれるのだろうと思っています。

そこで、もう一度ＧＡＢＶの話に戻りたいのですが、ＧＡＢＶの６原則の最後に、

「カルチャー」が挙げられています。なぜ、GABVを設立した彼らが、わざわざ6番目として、カルチャーを入れているのか。そこは、とても重要なポイントだと思うんです。これは、GABVがリーマンショックの反省から生まれたことに留意する必要があります。リーマンショックの再発を防ぐにはカルチャーが不可欠であり、むしろカルチャーこそが最も重要だと言えるでしょう。

カルチャーはGABV6原則の6番目にありますが、その前の5原則のすべてを金融機関の組織文化（カルチャー）として取り込むこととされているわけです。

このうち、第1から第5までの5原則は、GABVが追求するバリュー・ベース・バンキングを実現するための基本原則と言えるでしょう。バリュー・ベース・バンキング、つまり、価値を大切にする金融を実践していくうえで、金融機関のあらゆるレベルの意思決定にも5原則を当てはめていくように、5原則を組織内の企業文化として織り込んで定着させよ、というのが6番目の原則なのです。

これらの価値を組織内のプロセスに入れ込むためには、それに対する強い意識が求められ、絶えず努力していくことが必要となります。そのために、金融機関は人材育成面でも、たとえば、スタッフに対する革新的な動機付けを行うとか、それに相応しい評価システムを導入するといった価値に基づくアプローチを盛り込んだ戦略戦術が必要となり、ステークホルダーを中核に置いて、実例を開発することによって価値を大切にするビジネスモデルを構築しなければなりません。

――ここでカルチャーという場合、GABVは具体的にどんなことを求めているのでしょうか。

新田　その象徴的な仕組みがすでに紹介したスコアカードだと言えます。GABVに加盟する際、その作成が求められるスコアカードは、「Why」「How」「What」という問いかけ形式になっています。当組合も加盟に際し、スコアカードの策定を行なったわけですが、私にとって、これはとても興味深いものでした。

スコアカード策定に取り組んだとき、私が反射的に感じたのは、「日本のビジネスモデルは、HowとWhatばかりが問われている」ということでした。改めて「Why」と問われるようなことはありません。つまり、ビジネスモデルの前提となるはずの理念が問われず、したがって、理念と無関係に多くのビジネスモデルがつくられているわけです。

高度成長が終焉して成熟経済に移行したとたん、日本に停滞感が蔓延してきたのも、結局は、企業が理念なきビジネスモデルの世界にとどまっていたからではないでしょうか。

理念なきビジネスモデルはいわば「Ｈｏｗ ｔｏ」であり、「何のために」ということには頓着せず、多くの日本企業は稼ぐ方法ばかりを考えてきました。

ところが、ＧＡＢＶのスコアカードは、「なぜ、それをやるのか」「何のためにやるのか」を厳正に問い質し、確認させています。ＧＡＢＶのピーター・ブロム氏が来日して、初めて会ったときにも、「なぜ、あなたはＧＡＢＶに入ろうとしたのか」「なぜ、あなたはこのような価値を大切にする金融をやっているのか。そして、これからもやろうとしているのか」というＷｈｙから私に尋ねてきました。その問いに対して立ち往生するわけにはいきません。私は「バブル崩壊やリーマンショックといった悲惨な状況を二度と繰り返したくないから」というところから答えていき、共感してもらうことができました。

江上　確かに、「Ｗｈｙ」は重要ですが、それは人真似ではできない。たとえば、新田さんはあちこちの金融機関などでも講演をされていますが、お話を聞いて素晴らしいと感じた人が、それをベストプラクティスとして真似したとしても、うまくいくことはないでしょう。そこには自分で考えた「Ｗｈｙ」がありませんから。

そう考えると、金融業界に無分別にベストプラクティスという言葉が使い続けられていることに、私はとても違和感を持ってます。ベストプラクティスという言葉は、どこまでいっても他人が書いた台本にしたがって演技するということですから、そこに「Ｗｈｙ」はありません。ベストとかベターという言葉は、他人と比較をしている言葉です。自分で書いた台本で仕事している人は、ベストプラクティスという言葉は使わないでしょう。

イノベーションは「Ｗｈｙ」からしか生まれてこないと思います。イノベーションはベストプラクティスからもＰＤＣＡからも生まれてきません。それをやろうとすると「実現可能性が高いイノベーション」とか「ＰＤＣＡでイノベーションを引き起こす」という奇妙な言葉が使われることになります。人間が持つ創造性は実現可能性からではなくて、自分は何者として何を成し遂げるのかという問いから生まれるものだと思います。

他者を追いかけるためではなくて、自分は何者かということを自己探究するための問いが「Ｗｈｙ」なんです。

問われるべきは「Ｗｈｙ？」

新田　同様に私が考え込んでしまうのは、「競争戦略が重要なのか？」という疑問です。というのも、私自身には競争という感覚はあまりないからです。むしろ、フロントランナー、ファーストペンギン*を自認してきたように、競争ではなくて、自分が求める価値の実現のために、それまで誰もやろうともしないことにも挑んできました。それは常に「Ｗｈｙ」を意識してきたからであり、競争するためではありません。

私が「いまの時代はおもしろい」と思うのは、高度成長時代みたいに、単純な量的な序列の時代ではなくなり、個々の金融機関が個性を発揮することに意味のあるという、多様性にこそ価値がある時代だからです。

多様性のなかで、自分たちは何のために何をするのかという「Ｗｈｙ」を考えればいいわけです。単純な量的な序列の世界では、他の金融機関のあとを追従するのかしないのかが大きな問題だったのでしょうが、いまはそんな時代ではない。したがって、私は「自分たちはこうありたい」ということを一生懸命にやっていくだけ

*ファーストペンギン…集団で行動するペンギンの群れから、天敵がいるかもしれない海へ、魚を求めて最初に飛び込む一羽のペンギンのこと。

なのです。他の金融機関が当組合の取り組みをまねるのならば、それもいいでしょう。実際、私は取り組んできたことをすべてオープンにしています。隠す気などはまったくありません。

ただし、後発の金融機関が当組合をまねたところで、それが定着するとは限らないでしょう。当組合と企業文化が異なるならば、何をまねても絶対に根付かないと思います

当組合では、事業性評価の徹底のために「目利きシート」*を独自に策定し、導入しました。その経緯や目利きシートの仕組みを自著のなかで具体的にお示ししたところ、少なからぬ金融機関から「目利きシート」の現物をもらえないかという要望が寄せられました。

私たちはもちろん、その要望にお応えして、もし、きちんと「目利きシート」を運用されるのなら、「私たちがそちらの研修にうかがって説明したほうがいいと思います」と申し上げました。でも、結局、その後、「目利きシート」に関する質問を頂戴できたのはごくわずかでした。

これはなぜでしょうか。私たちは「目利きシート」の導入に際しても「Ｗｈｙ」

※目利きシート…企業の事業性を見極めるため、着眼点を整理した様式。ヒト（経営者・従業員・内部管理等）やモノ（技術力・販売力・業界環境等）に加え、地元コミュニティでの風評など判断に有効な事実をできるだけ多く根拠付きで記載する。作成には当事者・周辺関係者への十分なインタビューが必要なため、職員のお客様接点強化・情報収集力強化にも大いに貢献する。

の問いを積み重ねてきました。「なんのために、これを導入するのか」の対話を行い、職員の中に腹落ちさせたわけです。「なぜ、このようなものをこのような仕組みでつくったのか」という「Ｗｈｙ」に遡らないと、「Ｈｏｗ」である「目利きシート」を実際に生かすことはできないからです。

現に、「目利きシート」をお渡しした先から「頂戴したが、まったく機能しませんでした」という報告もいただきました。これは「目利きシート」を作成すること自体を「Ｗｈｙ」で求めている目的に据えてしまったからです。

そこで、「目利きシート」の目的を改めてお話ししますと、簡単に言えば、お客様との対話と関係性の構築こそが目的になります。お客様と対話するために、「社是を聞く」「工場見学にいく」といったことを前提にした内容を記載しているだけであり、お客様と対話しないで「目利きシート」の内容を埋めてもまったく意味がないのです。つまり、「目利きシート」は目的ではなく、そのための手段にすぎないわけです。

そうした日本の実情を見てきた者として、当初、ＧＡＢＶに感心させられたのがこの「Ｗｈｙ」とパーパスへの問いかけだったわけです。

彼らは、英語が得意ではない私でもわかるほどに、「第一勧信はなんのために存在しているのだ」「あなたたちの存在目的は何なのか」「それで、あなたはなぜ、これをしたいのか」という基本的な問いかけを繰り返し尋ねてきて、そして、「なぜ、GABVに入りたいと思ったのか」と畳みかけてきました。これらのすべてが「Why」であり、パーパスに関する質問でした。

日頃から相当に考えていないと、この質問のラッシュには耐えられなかったと思います。それで一日中、対話するわけですから。

江上　日本ではあまり経験しないことですね。それでも金融機関は「経営理念」を義務として作らないといけないことになっています。笑い話のような話ですが、私はかつてある銀行から、300万円で経営理念を作ってほしいと外注されたことがあります。もちろん受けませんでしたが（笑）。

新田　経営理念を外注ですか。それはひどい。そんなことではとてもGABVの問いかけには耐えられない（笑）。というのも、GABVでは、「Why」とパーパスに関する質問に続けて、次には「How」「What」、「そうであれば、あなたはこれから何をどのようにやりたいのですか」という話になってくるのです。それも「地域のためであれば、どのようにやろうとしているのですか」「地域のために具体的に何をやっているのかを教えてください」と。
　つまり、存在目的、理念があって、それを具体的にどのように遂行しようとしているのかという流れで落とされてくるわけです。

江上　それは大切ですね。同じような考えを持った企業として、有名なジョンソン・エンド・ジョンソンの事例がしばしば紹介されています。ジョンソン・エンド・ジョンソンには「わが信条（Our Credo）*」という有名なクレドがあり、それが徹底されていて、日々、「それは理念に合致しているのか」という会話が普通に日常の中で交わされています。
　もちろん、海外の企業だけではなく、日本にもそのようなスタイルに徹しているところはあります。たとえば、私が関わっている企業の一つに、経営理念と人材の評価が完全に連動していて、それが社員同士の３６０度評価によってフィードバックされているところがあります。その分、仕事の細かいことは何も規定されておらず、掲げている理念に沿っているかどうかだけをどの現場でもお互いに確認しあっています。

＊ジョンソン・エンド・ジョンソンの「我が信条(Our Credo)」…企業活動を通じて「顧客」「従業員」「地域社会」および「株主」に対する責任を果たしていくべきであるという、ジョンソン・エンド・ジョンソンの経営理念を表しているもの。

金融機関にそれを適用すると、たとえば支店長が部下から、「その方針はうちの理念にそぐわないと思います」と言われることになります。しかし、言うほうも勇気がいりますし、言われるほうも傷つきます。しかし、組織が大切にしているものがあれば、むしろそれは言わないといけないのです。

最近、金融庁なども使い始めた「心理的安全性」という言葉は、お互いが弱さを認めあいつつも、何でも言いあえる状態のことをいいます。

新田 やはり、理念がきちんと定まって、それを組織内に浸透していることが重要だということでしょう。

GABV6原則は確実な実践を促している

新田 ここでもう一度、GABVの6原則の意味を、私の認識をまじえながら述べさせてください。

GABV6原則のうち、第1の原則にあるトリプル・ボトム・ラインのトリプルとは、「人類・地球、そして繁栄」の三つの目標のことです。

要するに、人や地球の繁栄にも目が向いているかどうか、たとえば、提供する商品やサービスが人類のニーズや環境保護に資するように設計、開発されているかどうかが問われるということでしょう。相応の利益を上げていくにあたって、利益を上げることだけが目的化していないかを絶えず確認することが求められていると理解しています。

しかも、ここで重要なのは、社会にマイナスになることはしないという消極的な意味合いだけではなく、意図的に人と地球、それからその繁栄のためのビジネスアプローチを能動的、積極的に実践していくことが求められているという点でしょう。つまり、善行となるものに積極的に金融を使っていますか、ということが問われているということです。

２０１８年6月に来日したピーター・ブロム氏は私に対して「環境に関してはどう対応しているのか」と尋ねてきました。第１の原則に関する質問です、そのとき私は、「少なくとも、環境に悪影響を与えている企業や事業とは取引していない」と答えたのですが、それに対して、彼から「それは消極的な話であり、積極的な意味で環境のためにどう資するのか。何をやっているのかを聞いている」と言われました。私は「これから頑張る」と答えるしかありませんでした。すると彼は、「頑張ってください」と。このときはGABVとの初めてのやり取りの機会だったのですが、このとき、この第1の原則が持つ積極的な意味合いを理解できました。

第2の原則は実体経済（リアルエコノミー）で、「地域に密着し、ニーズに合わせ実体経済に貢献する新しいビジネスモデルを支援する」ということですが、これについては、地域の発展に資する信用供与がその中心になると理解しています。

GABVのアニュアルレポートには、「価値に基づく金融は自分たちの立地する地域のコミュニティに貢献します」と記されています。その地域と、あるいは業種でもいいのですが、その資金需要に対応し、生産的で持続可能な経済を目指して企業や個人への融資を行うということです。

次に、第3の原則である「クライアント・センタード（顧客との長期的な関係性）」は、単なるお客様第一主義を言っているわけではないと理解しています。「顧客との長期的な関係と彼らの経済活動に伴うリスクについて直に理解している」とされているように、バリュー・ベース・バンキングは顧客と強い関係を築き上げて、彼らの経済的活動にその理解と分析を通じて深く関与し、顧客がより価値を高められるように支援しなければいけない。これもコミュニティの存在を前提に置いている考え方と私は解釈しています。

江上　それは協同組合らしい思想と言えるかもしれませんね。顧客が目指している価値こそが重要であると言っているわけで、日本でしばしば語られている顧客第一主義とはまったくと言っていいほど異なるものだと思います。

新田　第4の原則であるロングターム・レジリエンシー（長期的な回復力）は外部環境が混乱しても自律的に回復できる経営力があるということです。バリュー・ベース・バンキングは長期的な展望を取り入れ、確実に業務を運営し、たとえ外部からの混乱が起きても耐えることができ、さらに回復力もあるように万全の態勢を備えているようにしておかなければいけないということでしょう。まさに、リーマンショックのようなクライシスが起きても自分たちは大丈夫なのかを、自らに問えということだと思います。

それから第5の原則、透明性（トランスペアレンシー）では、金融という行為のなかで高い透明性と包摂性を維持することが求められています。

最近、わが国でも経営の透明性が叫ばれ、金融の分野でも情報公開などの必要性が論じられています。実際、かつてと比べると、情報開示は格段に進んだと言えるでしょう。しかし、GABVが原則に規定している透明性はそのようなレベルのものではありません。それは単に株主や経営層だけでなく、金融機関の幅広い利害関係者やコミュニティなどに対する積極的な関係性における透明性だからです。

たとえば、GABVに加盟している欧州の多くの金融機関は貸出先全社を公開しています。これは、環境に悪影響を及ぼすような事業や企業には与信せず、社会的に必要な事業や企業に与信していることを明らかにするためです。つまり、GABVが目指すバリュー・ベース・バンキングのための透明性とは、日本の金融商品取引法が求めている情報開示などよりはるかに厳しいレベルにあります。

GABVの6原則は、バリュー・ベース・バンキングの理念を明確化させているだけではなく、実際にその理念どおりに取り組むことを求めているのです。

金利ゼロ預金に込めた意図

江上　第５の原則としての透明性はとても大きな意味があると思います。経営の透明性は預金者、ステークホルダーに参加意識を持たせるからです。

たとえば、ＧＡＢＶの事務局長のマルコス・エギグレン氏は預金者に対し、「お金を預けているあなたが銀行ですよ」ということをいつも言っています。この言葉は、預金者は銀行におカネを預けることを通じて社会と関わる責任を伴っているのだということです。銀行に透明性がなければ預金者はその参加意識を持つことができません。

ちょうど、政治家が選挙のときに公表するマニフェストと同じで、預金者はその内容を判断して預金という投票行為を行うのです。

新田　ＧＡＢＶが２０１８年に制作したポスターには、「あなたの大切なご預金、預け先の金融機関がどこに融資しているかご存じですか？」という問いかけが記されていました（１２０ページ参照）。要するに、あなたは、正しいこと、よいことに融資している金融機関をきちんと選んで、あなたのおカネを預金していますか、と問いかけるポスターです。

私はこのポスターを当組でも貼り出したのですが、残念なことに、ほとんどの方が関心を示さず、「預金は金利が高いほうがいいに決まっている」という話になりました。率直に言って、私は悲しくなりました。しかし、だからといって、諦めたわけではありません。当組合はすでにＧＡＢＶの加盟金融機関です。実践が求められていますし、私も職員たちも、預金者の皆さんの意識を変えていけるよう、積極的に取り組んでいきたいと思っています。

江上　ＧＡＢＶに加盟している金融機関には、預金者が自分で利息を市場金利より低く設定したり、時には放棄したりできるところがあります。ドイツのＧＬＳ銀行もかつては取り扱っていました。ハンガリーのマグネットバンクという銀行は口座維持手数料を預金者が自分で高く設定することができます。これらは預金者による銀行への寄付的な行為です。

日本にも近い事例はあります。近畿労働金庫は預金した時などにもらえる粗品を「要らない」と言えば、一回あたり40円をフィリピンの子供たちに給食を配る資金の寄付に充てるというプロジェクトをやっていました。このプロジェクトには「心のそしな」という素晴らしい名前がついていました。

新田　とにかく、いろいろな方法で、バリュー・ベース・バンキングをボトムアップで浸透させていきたいと思っています。そうすれば、金融に携わる者はその役割の意義をきちんと認識できるようになるでしょうし、誇りとプライドが蘇るはずです。

やはり私には、金融という仕事に対する思いというか愛があるんです。金融というのは素晴らしい仕事だという確信が私にはあります。先ほども言いましたが、もう一度人生をやり直したとしても、また金融の仕事を選ぶと思います。

ただ、翻って、いま金融機関で働く人たちに「金融の仕事が好きですか。素晴らしい仕事だと思っていますか」と聞いたら、どんな答えが返ってくるでしょうか。

金融の仕事は、私にとって人生のパーパスでありバリューだと思っています。それは決して、単なる金儲けのための仕事ではありません。私はこの仕事に誇りを持っていますし、金融機関で働くみんなが、自分の仕事に誇りが持てるようになってほしい。

ＪＰＢＶの活動は、そのためにもあると思っています。多くの人たちがここに参集することを期待しています。

「銀行4・0」における金融機関

今日の複雑で予測困難なビジネスの事業環境を指して、「VUCA（ブーカ）」という表現を用いることがあります。これはVolatility（変動）、Uncertainty（不確実）、Complexity（複雑）、Ambiguity（曖昧）の頭文字をとった言葉です。

未来に対して予測もコントロールもできないVUCAの時代の中にいて、私たちは、決して埋め合わせられることがない恐れから逃れるように、あいも変わらず、ビジネスを営んでいます。金融システムもそれを表裏で支えてきました。

資本主義というシステムは、人間が生きていく上での安心や幸福を保証する目的を達成するはずでした。しかし、そのシステムは、自然と人間の分断、そして富めるものとそうでないものの分断、さらに、皮肉にも本来の目的とは逆の非人間性を加速させていく自己強化ループを作り出してしまいました。

そのループを作り出しているのは、誰でもなく私たち自身です。私たちは底知れぬ欲求や利便性を追求する消費者であると同時に、その反対側として組織に属し、利益を追求するビジネスの当事者として、ループの両輪を回しています。

一歩引いて観察してみれば、私たちは、様々な「社会課題」を生み出すシステムの当事者でもあることに気がつきます。そのシステムはあらゆる要素が影響を与えあっているため、あまりにも複雑で途方に暮れてしまいそうなくらいです。金融が作り出しているシステムは歴史の中で、経済や社会の成長を牽引してきたと同時に、社会課題の片棒を担いでいる主犯格でもあります。多くの社会課題を引き起こしてきた、バブル崩壊やリーマンショックを経て私たちは、何を学んできたのでしょう。

複雑性を認識したときの人間の反応には3つのパターンがあります。

1. 思考停止する。変革をあきらめてしまう、自分の役割ではないことにする。

ほとんどの人がこの選択をしています。社会課題の解決は、国やＮＰＯの仕事であって、ビジネスの世界とは切り離されているものであると自己納得します。何もしないということは、意識的であれ、無意識であれ、それは自分の選択です。

2. それでも、問題の複雑性に何とか対処しようと、社会やシステムをコントロールすることを続ける。

これまで人々は、テクノロジーや資金などを使って、〝技術的に〟「社会課題」をコントロールしようとしてきました。そして実際にたくさんの社会課題を解決してきました。私たちの社会はそうやって発展もしてきました。

3. 問題の複雑性を自分自身とともに受け容れ、内面から湧き上がる一見、非合理な行動に一歩踏み出す。

現在人類が直面している「社会課題」のいくつかは、社会やシステムをコントロールするという手法の限界を超えています。

いよいよ人間がいままでのやり方ではコンロールできない領域に達しています。

環境問題、格差問題、国家と社会の分断など、今日出現している深刻な「社会課題」のどの一部を切り取っても私たちが直接・間接に関わっていないものはありません。

そして、そのどれもが考えれば考えるほど複雑で手が付けられなさそうな問題です。「もし、あなたが問題の一部でなければ、あなたはソリューションの一部にはなれない」——組織開発の大家である、ビルトバートの言葉です。

今日のようなＶＵＣＡの時代には、この言葉にあるような、問題を自分ごととして捉え、自らの内側の湧き上がる熱と意図に従って行動するリーダーシップがいまこそ求められているのだと思います。ＧＡＢＶを設立したメンバーは、その「問い」に正面から向き合っている人たちでした。

複雑な時代のリーダシップのあり方を示すメソッドとして、Ｕ理論*という

＊Ｕ理論…個人や組織が過去の延長線上にない変容やイノベーションを起こすために、どのように思考し行動すべきかを研究した理論。マサチューセッツ工科大学 スローン校 経営学部上級講師であるＣ・オットー・シャーマー博士によって生み出された。

考え方があります。U理論とは過去の延長線上ではない変容を個人や組織で引き起こすための原理を示しているものです。マサチューセッツ工科大学のオットーシャーマー博士らによって提唱されたものです。U理論の考え方はGABVが提供する人材育成プログラムにも適用されています。

オットーシャーマー博士が著した『出現する未来から導く』(英治出版刊)という本の中で、今日まで金融部門における社会の役割がどのように進化してきたかについて「銀行4・0」という表現を用いて段階的に説明しています。

銀行1・0　伝統的な金融
銀行2・0　カジノ金融
銀行3・0　社会的に責任のある金融
銀行4・0　変革を促すエコシステム金融

ここにあるエコシステムとは、生態系のなかの自己を含むすべて人々の幸せを願うことであり、自己の利益獲得を意図とするエゴシステムの対比として語られています。

金融とは、「おカネ」を誰かに流通させる行為のことですが、そこには流通する主体としての人の意図が存在しています。つまり金融とは、我々がどんな社会を創っていきたいかという意図を反映するコミュニケーションの行為ととらえることができます。

「銀行1・0 伝統的な金融」や「銀行2・0 カジノ金融」の世界では、「投機」や「モノやサービスの購入」がおカネを流通させる主な意図でした。その世界では、市場の競争に勝ち残るための規模や効率性が優先されます。実際にそれを実現するビジネスモデルとして銀行の巨大化や効率化が進展していったのが今日の金融業界の姿だとも言えます。

「銀行3・0 社会的に責任のある金融」では、金融が社会的な役割を意識し始めます。バブル経済がもたらした不良債権問題や、地域経済の生産性低下を招いた金融仲介機能の低下に対して、当局が規制を加えたり、社会的責任を果たそうとしたりする金融機関の行動が日本でも行われています。

リーマンショック後の「大きくて潰せない銀行 Too Big to Fail」のような論争は、金融に2・0から3・0への移行として反映されているものだと言えます。

日本で行われてきた、「リレーションシップ・バンキング」や地方創生を意図した「共通価値創造」のような金融機関の施策の多くは、「銀行3・0」の文脈で行われています。しかし、「銀行3・0」の限界は過去の失敗を繰り返さないための、社会への適応として行われるものです。つまり、行動が、義務や責任としての域を超えていないため、時として「利益と社会課題のどちらが大切か」という葛藤が生じます。

「銀行4・0 変革を促すエコシステム金融」では、銀行が利益よりも大切にする未来への意図を持ち始めます。バリュー・ベース・バンキングとはこの銀行4・0の段階での金融機関の行動を指しています。

バリュー・ベース・バンキングを標榜し、GABVに加盟している金融機関は、義務や社会的責任として環境問題や貧困の問題に取り組んでいるのではありません。もちろん、利益のためにでもありません。バリュー・ベース・バンキングでは金融機関は自らをシステム全体の一部として捉え、その全体性の中で人々の創造的な意図によって社会を循環させていくエコシステムを作り出そうとします。行動の源泉は組織の存在意義とそこで働く人たちのパーパス（目的）です。

（江上広行）

第5章

日本にバリュー・ベース・バンキングを

――JPBV創設のストーリー

江上広行

ＪＰＢＶの創設へ

２０１８年7月に、第一勧業信用組合が日本で初めてＧＡＢＶに加盟できたことは、私たちにとって本当に大きな一歩でした。ＧＡＢＶは、申請すればどの金融機関でも加盟できるようなところではなく、トップのコミットメントやスコアカードに記載されるバリュー・ベース・バンキングの取り組みには高い成熟度が求められます。そのプロセスを経てのメンバー入りですから尚更です。そして、私たちに次に課せられた役割は、日本にバリュー・ベース・バンキングを広げていくことでした。

しかし、第一勧業信用組合がＧＡＢＶに加盟したことの業界での反応は思ったほどのものではありませんでした。いくつかの金融専門誌がコラム記事で紹介してくれたり、一部のメディアがＷＥＢなどで取り上げてくれたりはしましたが、それが途絶えると、関心を示してくれる人は徐々に減っていきました。金融機関だけではなく、金融業界に詳しいとされているコンサルタントや当局の関係者でさえもＧＡＢＶという団体名を知っている人はほとんど皆無と言っていいほどでした。いくつかの金融機関や金融庁の職員などが新田さんや私のところを訪ねてきてヒアリングされたりしましたが、そのほとんどはもともとご縁があった方でした。

接点があった金融機関にこちらから説明したり、セミナーなどでＧＡＢＶやバリュー・ベース・バンキングのことを話したりする機会は増えましたが、多少の関心を持ってくれたとしても、「それをやって儲かるの？」という話に至ると、それ以上対話が進まないということを何回も経験しました。

もちろん、新田さんも私も、そこで終わるつもりはありませんでした。

第一勧業信用組合のＧＡＢＶへの加盟は私たちにとってはスタートでしかありません。マラソンで言えば、私たちは競技場のトラックを一周したぐらいで、これからは外に出てからの長い道のりが待っています。

私たちはバリュー・ベース・バンキングを日本に普及させていく使命を感じていました。トリオドス銀行のピーター・ブロムたちが10年前にＧＡＢＶを始めたときのように私たちも行動を起こさなくてはいけません。

そこで相談したのは、フィールド・フロー株式会社*代表の渋谷健さんでした。私の友人でもある渋谷さんは、新規事業開発や地方創生プロジェクトのプロデューサーとしていくつもの実績をあげてきた人物です。

渋谷さんは金融の仕事の経験はありませんが、彼は自身が取り組んできたプロジェクトなどで、地域の重要なハブ機能を持っているはずの金融機関が、そのポテンシャルを発揮できていない現状に強い課題意識を持っていました。渋谷さんはバリュー・ベース・バンキングのコンセプトに強く共感を示してくれました。

もともと、私は彼とともに特定非営利活動法人CeFIL が運営するデジタルビジネス・イノベーションセンター（DBIC）*というところで、大企業の社員を対象に貨幣論やソーシャルファイナンスをテーマにしたワークショップを頻繁に開催しており、そこでGABVやバリュー・ベース・バンキングの話をし始めました。すると意外なことに、金融機関以上に関心を示してくれる人が多くいたのです。

新田さん、渋谷さんと私は、日本にバリュー・ベース・バンキングを普及させていくための団体を作ることを決断し、その準備を始めました。メンバーは金融機関にか

*フィールド・フロー株式会社…JPBVのサポーター代表でもある渋谷健氏が代表を務める会社。経済産業省創設 おもてなし規格認証 認証支援事業者。「事業に脚本を」をコンセプトに、戦略立案からシステム開発や人材育成までを総合的に提供するオープン・イノベーション実践活動を全国展開している。

かわらず、民間企業や個人の参加も認めることにしました。

当初この団体には、ＪＩＢＶという名称をつけていました。「価値を大切にする金融研究会（The Japanese Intelligence For Banking On Values）」という意味です。しかし、我々は決して研究だけをしたいわけではない、実践する場にしていきたいという思いがあることに気づき、Intelligenceに変えて実践者という意味のPractitionersという言葉に差し替えました。

こうして創設したのが、ＪＰＢＶ（The Japanese Practitioners For Banking On Values）、価値を大切にする金融実践者の会です。

私が事務局長を務め、議長は新田さん、金融機関以外のサポータ代表として渋谷さんが就任しました。

参加者には有料で年会費もとることにしていたので、当初は5団体以上が参加してくれたら始めよう、あわよくば10団体程度が集まればいいだろうと思っていました。

ところが、スタート時点で20団体ほどがＪＰＢＶに加盟してくれました。２０１８年12月11日開催されたキックオフイベントには、参加を検討してくれていた人たちも招

＊デジタルビジネス・イノベーションセンター（DBIC）…2016年5月設立。日本の大手企業やベンチャーが業種や規模の枠を超えて集い、デジタル技術を駆使したビジネスイノベーションを起こす開発拠点として活動している。GABVのピーター・ブロム氏らが来日した際のイベントは、DBICの協力によりDBICの会場で実施された。

JPBVのキックオフイベントの集合写真（2018年12月11日）

待し、50名以上の方が集ってくれました。中には、加盟を申請する稟議書を勤務する金融機関で通すことができず、自腹で会費を支払い、休暇をとって、自腹で移動のための交通費を支払って地方から参加してくれる方もいました。

ＪＰＢＶが行っている活動は主に次のようなものです

①バリュー・ベース・バンキングをともに学び、共感する対話型ワークショップの開催

ＪＰＢＶでは、隔月ペースで対話形式のワークショップを行っています。取り扱うテーマは「環境金融」や「外国人労働者問題」「地方創生」など、日本で現実に起きている社会課題に対して、金融機関がどのような役割を果たすことができるかについて全員が参加して対話します。

さらに、バリュー・ベース・バンキングの実現には欠かせない、「リーダーシップ」「組織構造改革」「経営理念」「組織文化」などのソフトな要素についても、徹底的に対話を繰り返します。

ＪＰＢＶはメンバー以外も参加できるオープンイベントも開催しています。２０１９年７月には肥後銀行（ＪＰＢＶメンバー）や、金融庁、九州財務局、一般社団法人ゆずり葉（地域クラウドファンディング）などの協力により、「持続可能な地域金融フォーラム」と題したイベントが開催され、そこには九州の金融機関などから約４００人が集（つど）って対話が繰り広げられました。

ＪＰＢＶのワークショップはそのほとんどが対話形式で進められます。そもそも、扱っているテーマが複雑で、わかりやすい回答があるものではないので、「問い」を深めると、また新たな「問い」が湧いてくることの繰返しです。しかし、それこそがバリュー・ベース・バンキングを実現させる重要なプロセスなのだと感じています。

②バリュー・ベース・バンキングの事例研究、日本でバリュー・ベース・バンキングを適用するための知見の共有

ＧＡＢＶの加盟金融機関は、地球上で63に達しています。バリュー・ベース・バンキングは、6原則など大切にしている理念は共通ですが、その導入の仕方やそこで作られるビジネスモデルは多様です。それらの事例は、ＧＡＢＶによって開示されているものも多く、その中には、参考になったり、刺激を受けたりするものが本当に多くあります。

本書でもその取り組みの一部を紹介していますが、それもこの事例研究から得た成果でもあります。

一方で、それらの事例はどれだけ素晴らしいものであっても、そのまま日本で適用するものではありません。少子化、高齢化、人口減の三重苦が、同時に起きている国は日本を除いて世界にありません。それらの問題をおカネの力を使って解決していく、日本で行うバリュー・ベース・バンキングへの取り組みは地球規模から見ても、最先端のチャレンジでもあります。

③「バリュー・ベース・バンキング」を実現に導く人材育成、組織開発、商品・サービス検討、などの実践プログラムの提供

ＪＰＢＶは研究や勉強にとどまらない「実践」を大切にしています。実際に活動のなかで、いくつかの実践プログラムの企画が立ち上がっています。それらは、参加しているメンバーが自ら企画しているものです。事務局としては、バリュー・ベース・バンキングや６原則にそったプログラムであれば、ＪＰＢＶが主催・共催する企画として基本的にＯＫを出す方針にしています。

前述した渋谷さんは、もともとライフワークとして実施していた、社会変容をもたらす人財をマインドセットから創り上げる「イノベーターズ・マインド・ブートキャンプ」を、バリュー・ベース・バンキングのエッセンスを入れたＪＰＢＶ向けにアレンジして提供しています。

また、ソーシャルビジネス支援の第一人者とも言える木村真樹さん（合同会社めぐる[*]代表、ＪＰＢＶメンバー）は、これまで金融排除されてきたソーシャル・ビジネスの価値を再発見するために、実際にソーシャルビジネスの現場に出向いて応援活動を行う「ＪＰＢＶソーシャルビジネス支援プログラム」を２０２０年に提供する予定で

＊合同会社めぐる…地域の“志金”が地域でめぐる「お金の地産地消」をデザインする会社。ウェブサービス「凸と凹（でことぼこ）」を運営している。

す。

さらに、プロジェクトの中では、金融機関が取引先に向けて行うＥＳＧ評価ツールの開発や、バリュー・ベース・バンキングを銀行全体ではなく、一つの支店ベースで地域を巻き込んで実践していくためのプログラム開発などの企画があがってきています。これからさらに実践の場が多く提供されることが期待されます。

④ＧＡＢＶ加盟を検討する金融機関のサポート

残念ながら、第一勧業信用組合に続いてＧＡＢＶへの加盟を具体的に検討している日本の金融機関は、まだ現れていません（２０１９年12月時点）。一方で、ＪＰＢＶに参加している金融機関が、自分ごととしてバリュー・ベース・バンキングの実践度合いを自ら検証するために、所属する金融機関の「ＧＡＢＶスコアカード」を実際に作成するという活動を行っています。これは、定性要素である、第３章で紹介した以下の要素について「Ｗｈｙ」「Ｈｏｗ」「Ｗｈａｔ」のフレームワークにそって作成するというものです。

・リーダーシップ
・組織構造
・商品・サービス
・管理システム
・人事
・成果報告

金融機関は定量的な評価には慣れているものの、定性要素について表現することはなかなか慣れておらず、皆さん、たいへん苦労して作成しているようです。これは金融機関が融資先に対して実施している事業性評価を自分自身に対して実施しているものであり、バリュー・ベース・バンキングを目指すかどうかに関わらず、本来どの金融機関も必要な作業であると言えるかもしれません。

以上が、ＪＰＢＶで行われている活動の概要です。幸いにもＪＰＢＶは会を重ねるごとに、メンバーが増えていき設立１年を迎えた２０１９年12月には、メンバーは50

の個人と団体に達しました。2020年2月には一般社団法人としての法人格をとり、体制を整え直しました。

とはいえ、JPBVはスタートしてから1年ちょっとであり、これから活動範囲は大きく広がっていくことでしょう（この本の執筆もその一つです）。その中でもこれだけは大切にしていこうと決めていることがあります。それは、参加者のネットワーキングを大切にすること、そして「答え」ではなく「問い」を探究する対話をひたすら繰り返していくこと、そして常に実践を伴っていること、です。

JPBVがそうしたことを大切にしているのには理由があります。バリュー・ベース・バンキングは複雑な社会課題と向き合い、それをおカネという手段を用いて解決していこうという考え方です。日本の金融機関のビジネスモデルは様々ですが、日本や世界が抱えている社会課題に対峙したとき、すべての金融機関、そしてすべてのバンカーはフラットな存在になります。そこにあるのは、課題を生み出す側に回るか、解決する側に回るかの選択だけです。

実際に活動をしてきて感じることは、バリュー・ベース・バンキングは、権力や論理的な説得によってではなく、ある意味、情緒的な共感の連鎖によって活動が拡大・深化しているということです。自分自身がそうでしたし、そうやってメンバーと活動が拡大していった感覚を覚えています。

成熟化した日本経済のなかで、成長と利益を追い求めてきた銀行のビジネスモデルは転換点にあると言われて久しくなりました。規模と効率を追求する、これまでの手法だけでは多くの銀行は生き残れないでしょう。日本の銀行は、いよいよ、自らの存在理由に立ちかえるべきタイミングにきているのかもしれません。

ＪＰＢＶは、そのような課題を抱える金融機関に、新たなバリュー・ベース・バンキングというビジネスモデルの選択肢を提示したいと考えています。これまでのビジネスモデルの限界を乗り越え、この国らしい人々の繋がりや循環を大切にする価値観を育てられるように、金融を再定義したいという願いがあります。

すべての人々は、「よい社会を未来に残したい」という願いを持っていて、その潜在能力を発揮できるコミュニティを形成していくことによって、社会課題を解決する機会を得ることができます。

ＪＰＢＶはこの「おカネ」の役割を満たすために金融機能を再定義し、「利益を大切にする金融」が主流である現代の金融システムの代替手段として提示していきます。

そして、未来のいつの日か、「平成が終わったあの時代に、日本で新しい金融が芽吹いた」と言われるようにしていきたい、そんなことを願って、これからも活動を続けていきます。

多様性を拡張していく装置としての金融

おそらく、いま、読者のみなさんのなかに湧いてきている問いは、「バリュー・ベース・バンキングが、日本の金融機関に適用できるのか？」、または、読者がバンカーであれば、より具体的に「うちの銀行にこれが適用しうるのか？」ということではないかと推察します。なかには、バリュー・ベース・バンキングに対して何らかの共感を感じながらも、「結局は理想に過ぎない、とてもうちの銀行では無理だろう」という、皮肉や諦めの感情がよぎっている人もいるかもしれません。

そんなみなさんに対してお伝えしたいことを、最後に書いてみたいと思います。

私がＪＰＢＶを設立し活動している目的は、この国にバリュー・ベース・バンキングが実践される機会を増やしていくことです。本書を執筆している動機もそこにあります。しかも、それが青臭いもの、または理想として語られるだけのものではなく、創造的なものとして実践され続けていくことを願っています。ＪＰＢＶの名称に、Practitioners（実践）という言葉を入れたぐらいですから。

しかし、そうは言いながら、私はバリュー・ベース・バンキングのバリューとは、無限の広がりを持つものであると考えています。ここまで紹介してきたいくつかのＧＡＢＶメンバーの経営スタイルがベスト・プラクティスであるとして、模倣を促すつもりはありません。それぞれの金融機関のバリューは、それぞれの金融機関が探究するものだからです。

「バリュー」が定義されれば、それがその金融機関にとっての唯一無二のバリュー・ベース・バンキングです。

ＧＡＢＶに加盟している金融機関も、ＧＡＢＶ6原則などの基本となる理念はとても大切にしていますが、それが展開されるビジネスモデルは多様であるべきだとしています。実際、これまでも触れてきたように、GABVに加盟している金融機関のビジネスモデルはきわめて多様です。そして、GABV6原則さえも、時代とともに進化していいとしています。GABVのメンバーは集まるごとに、「6原則はこのままでよいのか」という対話を繰り返しています。

バリュー・ベース・バンキングに対しては「ソーシャル」というレッテルが貼られそうなイメージがありますが、これまでご紹介してきた事例だけを見ても、決して「ソーシャル」という括りでおさまるものではありません。

バリュー・ベース・バンキングは、「株主資本主義的な金融機関」の対極に存在する「ソーシャルな銀行」として二項対立的な枠組みでとらえるものではありません。「社会課題の解決」と「利益」のバランスをとることではなく、両者を統合しうるものとしてバリューを探究しているのです。

存在価値が何かという問いによってのみバリュー・ベース・バンキングは定義されます。存在目的つまり、経営理念によって経営がされていれば、「社会課題の解決」と「利益」の矛盾は発生しないと考えます。

バリュー・ベース・バンキングは、金融の多様性を拡張するために、人々におカネの使い方に対する多様な選択肢を提供するものです。いま、多様な価値観をもつ人々が、自分のおカネの使い方を自分で考え始めています。

そして、それは従来の金融機関とも互いに影響を与え合い、ともに金融を進化させていきます。事例でも紹介したトリオドス銀行は、ABNアムロ*などオランダの銀行の経営スタイルにも影響を及ぼしたといわれています。ABNアムロはソーシャルな要素をより考慮するようになり、既存のビジネスモデルのなかにも取りこんでいきます。GABVに加盟している金融機関も当然に、フィンテックの活用など、先行する金融のテクノロジーも取り入れていきます。それは、生物が進化していくかのようにイノベーションが継続します。

そもそも、金融は多様なビジネスモデルがあってよいものですし、それが望ましいと思います。フィンテックを追求しイノベーティブで独自性がある金融サービスを展開する金融機関はこれからも次々と登場してくるでしょう。規模の大きさや利便性を追求し、社会のインフラとしての機能をしっかりと果たしていく金融機関も社会には

＊ABNアムロ…オランダ・アムステルダムに本拠を置く大手投資銀行。

必要です。そしてこれまでの伝統的なスタイルの銀行もしばらくは価値を発揮し続けるでしょう。そこに顧客がいるということは、顧客のニーズがあるということですから。

私は、特定の権力を持つもの、資産を持つもの、あるいは武器を持つもの、によって人々が支配される世界を次の世代には残したくはありません。なぜならそれらは、一人ひとりの存在が認められるという多様性を奪うものであるからです。生まれてきたすべての命が大切にされ、誰ひとり取り残されることなく、人々の多様な価値観を認め合えるようにするために、金融はその多様な価値観を包摂していく存在であってほしいと願います。

多様性は、一人ひとりが個性を持つ存在としての人間がその起点です。だとすれば、最終的には「人間のための銀行とは何か」という問いになります。これは「人間のためのおカネの使い方とは」「人間のためにおカネはどのように循環するものか」ということでもあります。はからずも、これは、ドイツのＧＬＳ銀行が掲げている「人間のための銀行」という理念と共通ですが、すべての金融機関が立てるべき問いだと思うのです。

これまで金融は資本の力を使って、経済や社会の成長を支えてきましたが、それとは裏腹に、本来は多様な人間の価値観さえも利益や資産形成に仕向けるように誘導してきました。そして、資源を使い果たすまで拡大し続けないと生きてはいけない資本主義を高速回転し続けてきました。

しかし、ＶＵＣＡの時代に入り、そのコントロールからはみ出す新しい価値観を持つ人たちが現れてきました。金融業界が前提としていた「おカネ」の定義さえも、ゆらぎが起きています。

個人に対する金融の大きな役割のひとつは、「資産形成」のサポートでしたが、若年層を中心に収入の多寡に幸福感を感じていない世代が増えてきています。企業金融についても同様です。利益をあげること以上の存在目的がない企業は、利益さえあげられない時代に突入しています。そのなかで、金融機関はどんな価値を社会に提供していくべきかという深淵な問いを立てざるを得なくなっています。

これからは、金融が「多様性を制約する装置」から、その反対である「多様性を拡張していく装置」へと転換していきます。バリュー・ベース・バンキングは、そのためのひとつの代替手段として出現したものにすぎません。皆さんがどこで働いていたとしても、皆さんらしい、唯一無二のバリューを探究し、それを新たな金融機能として未来に出現させてほしいと願っています。

皆さんが、本書でバリュー・ベース・バンキングに触れたことが、そのような人間のための多様な金融機関、金融機能への探究をはじめるきっかけになれば、こんなにうれしいことはありません。

終章

志ある仲間とともに

——バンカーであることの誇りを持って

新田信行

2019年9月、私はインドのコチにいました。ここでGABVアジアパシフィック大会が開催されていたのです。コチはGABVのメンバーである、ESAFの本店がある都市です。ESAFは、1992年に現CEOのポール・トーマス氏らが、限界地域の人々が後進性から脱し、成長と発展の道に乗れるような機会をつくることを目的として始めたNGOがスタートです。安定収入と持続可能な生計を促すこと、そのために女性の自助グループをつくり小口事業を発展させることが、最初のステップでした。

その後、ESAFは2014年にノンバンク免許を、さらに2016年にはインドの新制度であるスモールファイナンス・バンクの免許を最初に取得しました。

同行のミッションは、金融サービスの対象外であったインドの家庭に、顧客指向の商品、高品質のサービス、革新的テクノロジーを伴った迅速な金融サービスを提供することです。現在ESAFは、インド中南部に約420の支店を有し、職員数約2600人、預金量約810億円の規模へと成長しました。

ESAFは、誰もが金融にアクセスできるようにすることで均等な機会を提供し、金融包摂や社会全体としての発展を促すインドのソーシャルバンクのリーダーとなることを目指しています。

ＥＳＡＦの債務者の98％は女性です。彼女たちはグループを作り、いわば連帯債務のような形で互いに支えあっています。そして、ＥＳＡＦの職員は週1回彼女たちとミーティングを行います。その活動の現場を、私たちは直接見させていただくことができました。

ホテルから車で約30分、1階で手工芸品を売っている小さな建物の2階に通されると、なんと28名の女性に出迎えられました。マイクロファイナンスというと、ノーベル平和賞を受賞した、ムハマド・ユヌス博士*によるバングラデシュのグラミン銀行が有名です。グラミンモデルでは通常5～6名のグループで組成されるときいていたので、その場のあまりの人数の多さに私は驚きました。

私たちは彼女たちの前で，「アジアで一番豊かな日本から来られた方々だよ」と紹介されました。そして、この28名の女性のリーダーの方からお話を伺いました。彼女は手に小さなタブレットの端末を持っていて、「これで私たちの情報管理をしています」と説明してくれました。電化製品が何もない部屋の中で、タブレットの端末を使っている――その情景が、いまのマイクロファイナンスの現場なんだと感じました。

＊ムハマド・ユヌス博士…バングラデシュの経済学者、実業家。グラミン銀行の創設者であり、マイクロファイナンスの創始者としても知られる。2006年にノーベル平和賞受賞。

ＥＳＡＦは、貧しい女性たちの生計が成り立つように、たとえば農作物の栽培を応援したり、彼女たちが作った手芸品を販売したりするなど、一つひとつ指導し、その資金面を支えているのです。

私たちは、彼女たちが作ってくれたマンゴージュースをいただきました。とても美味しく、「日本ではマンゴーは高いんだよ」という話をしました。ＥＳＡＦの職員たちが誇りを持って仕事をしているのがたいへん印象的でした。

ネパールのＮＭＢ銀行と調印

ＧＡＢＶのアジアパシフィック大会の会議の初日、第一勧業信用組合はネパールのＮＭＢ銀行と覚書の調印式を行いました。

ＮＭＢ銀行は、１９９５年にファイナンス会社として設立、２００８年に商業銀行になりました。２０１５年に他の４つの金融機関と合併、現在ではネパール全土に１１０の支店を有し、預金量８１５億円、職員数１０８０人とネパールの商業銀行では

NMB銀行との覚書（MOU）締結

中上位に位置する業容となっています。

ＮＭＢ銀行のビジョンは、責任ある銀行業務によりコミュニティの構築と顧客の金融目的達成を支援することで、ひいてはネパールの繁栄に貢献することです。同行は、バリュー・ベース・バンキングの原則に則った持続可能な金融を、ビジネスモデルの中核にしています。２０１７年３月にはカトマンズでＧＡＢＶ年次総会を主催しました。

ＮＭＢ銀行は、２０１６年にオランダ開発金融会社（ＦＭＯ）と合弁事業契約を締結し、ネパールにおける再生エネルギー、農業分野の強化を図りました。さらに国際金融公社（ＩＦＣ）から、中小零細企業向け融資や観光プロジェクト支援のため1500万ドルの資金を受託しました。NMB銀行はまた、新しいデジタル・エコノミーを使用することでもネパールの金融部門において主導的な役割をはたしています。

こうした取り組みが評価され、2017年、2018年と2年連続で、英国のフィナンシャル・タイムズから「バンク・オブ・ザ・イヤー・イン・ネパール」を受賞しました。

GABVアジア事務局長のアペンドラ氏は元NMB銀行のCEOで、私が彼と最初にお会いしたのは、前回2018年のクアラルンプールでのGABVアジア大会でした。初対面で彼は「日本はいい国だ」と大変親しげに私に話しかけてくれました。聞いてみると彼の娘さんは、なんと、東京大学に留学中だというのです。

2019年2月のカナダ・バンクーバーで開催されたGABV世界サミットでは、移民が大きなテーマでした。その時私は、「当組にはあまり関係ないな」と思いながら話を聞いていました。ところが日本に帰って周囲を見回してみると、当組の本店のある新宿区にはたくさんの外国人居住者がいることに気がつきました。そして、彼らのお話を聞くと、金融機関に口座を開設するのは大変だと言います。こんな身近なところで、こんなに多くの金融排除があったのだと、その時私は衝撃を受けました。

実は、当組合は、東京の荻窪にある在日ネパール人学校のNPO法人エベレストインターナショナルスクールにご融資をしています。早速私は、アペンドラ氏に「第一勧業信用組合が、ネパールと東京の架け橋になれたらいいな」とメールを送ると、彼は「第一勧業信用組合は東京に住んでいるネパール人を応援してくれているんだ」と喜んでくれました。このようなやり取りがきっかけとなり、今回の調印が実現したわけです。

NMB銀行との調印式は明るい雰囲気の中で行われました。私は、調印の記念として江戸切子を持参し、プレゼントしたのですが、NMB銀行の現CEOであるスニル氏はたいへん喜んでくれました。GABVのメンバーたちも私たちの調印を祝福してくれました。

調印の後、それぞれ挨拶をすることになりました。実は私は英語が苦手なので「困ったな…」と思ったのですが、片言の英語で「とても嬉しい、皆さんに御礼を申しあげたい」ということを話しているうちに、ふと頭に浮かんだ言葉が口に出ていました。

ません。

「Relationship makes value」と。このときの、メンバーからの温かい拍手が忘れられ

思いを同じくするメンバーは世界中にいる

会議の最終日、私はＪＰＢＶについてのプレゼンを求められました。「世界のＧＡＢＶ加盟金融機関が57（当時）ある中でも、このような取り組みは第一勧業信用組合以外ない。第一勧業信用組合が初めてだ」というのです。

プレゼンをしたところ、活発な質疑応答が行われました。その中には、ＪＰＢＶの意義や目的についての質問もありました。私は片言の英語で「第一勧業信用組合は東京にしかない。しかし私たちは、バリュー・ベース・バンキングの考え方を日本中に広げたいんだ」と申しあげました。

メンバーたちの反響は大きく、素晴らしい取り組みだと賞賛されました。この反応の大きさは予想外でしたが、これは、私に大きな自信を与えてくれました。

私たちと思いを同じくする多くのメンバーが日本中そして世界中にいる――たくさ

んの方々が共感してくださっていることを本当に嬉しく感じています。

ＧＡＢＶの会議にいると、私は日本がオンリーワンの国であることを強く感じます。アジアの中には日本のような成熟国家は少なく、日本の果たすべき役割はきわめて大きいと思います。

一方、日本は欧米とも異なります。欧米もまたそれぞれ悩みを抱えており、日本は世界に様々な発信をすべき立場にあるといえるでしょう。

そして、日本が成熟した一流国家であるためには、これを支える金融が不可欠です。バンカーは、尊大であってはならず、謙虚な姿勢でおカネを律し、社会とともに新たな価値を共創していくことが大切です。バンカーであることを誇りに感じ、志ある皆さんと一緒にこれからも歩んでいきたいと思います。

謝辞

スティーブ・ジョブズは、Connecting The Dotsというとても素敵な言葉を残しました。そのときそのときをただ全力で生きていれば、後ろを振り返ったときに、点と点が繋がって線になる。そんな意味です。

本書を書き終え、振りかえってみれば、私たちのバリュー・ベース・バンキングへの取り組みは、かけがえのない人たちとの出会いという点と点がつながって線になり、ここまで辿りついた、そんな感覚です。

オットー、カトリン、GABVの存在を知ったのはあなたたちの著書からでした。バンクーバーとベルンで、お会いしたときに伝えることができた感謝をここでも。

川島陽子さん、清水菜保子さん、林公則さん、そしてブレゼンシングインスティテュートのジュリー、ＧＡＢＶのソフィア、みなさんたちはバトンを繋ぐかのように私たちをＧＡＢＶへと誘っていただきました。いま思えば、あの旅がすべての始まりでした。

第一勧業信用組合がＧＡＢＶに加盟するスコアカード作成のプロジェクトは、本当に苦難の連続でした。大澤弘和さん、藤井良広さんをはじめとして、サポートいただいた皆さんのチームワークが現在の活動の原点になっています。

ＧＡＢＶ議長のピーター、そして事務局長のマルコス、アジア事務局長のアペンドラ、そして世界中にいるＧＡＢＶのメンバーのみなさん、あなたたちがＧＡＢＶを立ち上げここまで発展させてこなければ、私達はこの価値観を知らぬまま仕事を終えていたかもしれません。そして、私たちをＧＡＢＶに暖かく迎え入れてくれました。

ＧＡＢＶサミットがあったバンクーバーへの旅をともにした熊﨑貴之さん、岡野進さん、長谷川勉さん、林伸幸さん、現地ではもちろん、日本に戻ってからもずっと私たちの活動を支えてくれました。

ＪＰＢＶのサポーター代表の渋谷健さん、オランダへの旅からずっと活動をサポートしてくれた坂本忠弘さん、そしてＪＰＢＶに参加し、ともに活動をしてくれているメンバーのみなさん、皆さんとの対話が私たちの原動力であり、同様に日本の金融をともに再定義していく原動力です。

そして、ここまでのどの局面においても、第一勧業信用組合の職員である皆さんのサポートと現場でのバリュー・ベース・バンキングの実践がなければ、何もかもが実現しませんでした。

飛田浩康さん、浪川攻さん、お二人の忍耐とプロフェッショナリズムがなければ、本書は世に出ることはありませんでた。

心からありがとう！

2020年3月

新田　信行
江上　広行

GABV 加盟金融機関

2019 年末現在

Alternative Bank Switzerland	スイス
Amalgamated Bank	アメリカ
Banca Etica	イタリア、スペイン
Banco Ademi	ドミニカ
Banco de Antigua	グアテマラ
Banco FIE	ボリビア
Banco Mundo Mujer	コロンビア
Banco Popular	ホンジェラス
Banco Solidario	エクアドル
Bancompartir	コロンビア
BancoSol	ボリビア
BANFONDESA	ドミニカ
Bank Australia	オーストラリア
Muamalat Ban	マレーシア
Bank of Palestine	パレスチナ
Beneficial State Bank	アメリカ
BRAC Bank	バングラデシュ
Caisse d’économie solidaire Desjardins	カナダ
Caja Arequipa	ペルー
CARD Bank, Inc.	フィリピン
Centenary Bank	ウガンダ

Center-Invest Bank	ロシア
Charity Bank *	イギリス
City First Bank of DC	アメリカ
Clearwater Credit Union	アメリカ
Cooperativa Abaco	ペルー
Cooperative Bank of Karditsa (CBK)	ギリシャ
Crédit Coopératif	フランス
Cultura Bank	ノルウェー
DAI-ICHI KANGYO Credit Cooperative (DKC)	日本
Decorah Bank and Trust Co.	アメリカ
Ecology Building Society	イギリス
Ekobanken	スウェーデン
ESAF Small Finance Bank	インド
FolkeSparekassen	デンマーク
Freie Gemeinschaftsbank Genossenschaft	スイス
GLS Bank	ドイツ
Grooming Microfinance Bank *	ナイジェリア
Kindred Credit Union	カナダ
LAPO Microfinance Bank	ナイジェリア
Lead Bank	アメリカ
MagNet Bank	ハンガリー
MegaBank *	ウクライナ

Merkur Resource Bank	デンマーク
Muktinath Bikas Bank Ltd	ネパール
National Cooperative Bank	アメリカ
NMB Bank Limited	ネパール
North East Small Finance Bank	インド
Opportunity Bank	セルビア
Opportunity Savings and Loans ＊	ガーナ
SAC Apoyo Integral, S.A.	エルサルバドル
Southern Bancorp	アメリカ
Sunrise Banks	アメリカ
Teachers Mutual Bank	オーストラリア
The First Microfinance Bank Afghanistan	アフガニスタン
The First Microfinance Bank Tajikistan	タジキスタン
Triodos Bank	ヨーロッパ
UmweltBank	ドイツ
Vancity	カナダ
Verity CU	アメリカ
Vision Banco	パラグアイ
VSECU（Vermont State Employees Credit Union	アメリカ
XacBank	モンゴル

＊は Associate members

一般社団法人「価値を大切にする金融実践者の会」について

本書で紹介している、JPBV（価値を大切にする金融実践者の会）は、任意団体として活動を続けて参りましたが、会員数が増加し活動の範囲が拡大していることから、透明性向上と体制強化を目的に、2020年1月22日に一般社団法人として法人化いたしました。

本文中でも紹介していますがJPBVは次のような活動を行っています。

1.「価値を大切にする金融」を実現に導く人材育成、リーダーシップ育成、組織開発などのメソトロジー提供
2. The Global Alliance for Banking on Values（略称：GABV）への加盟を検討する金融機関に対しての研修およびコンサルティングサービスの提供
3.「価値を大切にする金融」に関する調査・研究
4.「価値を大切にする金融」を普及啓蒙するための勉強会・セミナー等の企画および運営

JPBVの活動に関心がある方、加盟を検討されたい方は、ホームページをご覧いただくか、メールにてご連絡ください。

JPBVホームページ　https:// jpbv.jp
メールアドレス　info@jpbv.jp

参考文献等

●書籍
『新・贈与論──お金との付き合い方で社会が変わる』（林 公則著／コモンズ 2017年）
『出現する未来から導く──U理論で自己と組織、社会のシステムを変革する』（C・オットー・シャーマー、カトリン・カウファー著／英治出版 2015年）
『よみがえる金融──協同組織金融機関の未来』（新田信行著／ダイヤモンド社 2017年）
『対話する銀行──現場のリーダーが描く未来の金融』（江上広行著／金融財政事情研究会 2017年）
『人間のための銀行──社会運動としてのGLS銀行のあゆみ』（ロルフ・ケルラー著／涼風書林 2014年）
『コア・バリュー・リーダーシップ 組織を変えるリーダーは自己変革から始める』（石塚しのぶ著／PHPエディターズ・グループ 2019年）

『未来企業は共に夢を見る——コア・バリュー経営』（石塚しのぶ著／Dyna-Search, Inc. 2013年）

●WEBサイト

第一勧業信用組合　https://www.daiichikanshin.com
レインフォレストネットワーク　http://japan.ran.org
警察庁　https://www.npa.go.jp/
PAX　https://www.paxforpeace.nl
GABV　http://www.gabv.org
トリオドス銀行　https://www.triodos.com
GLS銀行　https://www.gls.de/
NMB銀行　https://www.nmbbank.co.tz
ESAF　https://www.esafbank.com
マグネットバンク　https://www.magnetbank.hu
ベネフィシャルステート銀行　https://beneficialstatebank.com

ブラックバンク　https://www.bracbank.com/
バンシティ　https://www.vancity.com
株式会社 オマツリジャパン　https://omatsurijapan.com/company/
金融庁　https://www.fsa.go.jp
一般社団法人 環境金融研究機構　https://rief-jp.org
国際連合環境計画（UNEP）　https://www.unepfi.org
一般社団法人 価値を大切にする金融実践者の会（JPBV）　https://jpbv.jp
一般社団法人 ゆずり葉　http://www.yuzuriha.fund
会津電力株式会社　https://aipower.co.jp
株式会社 eumo　https://eumo.co.jp

【著者紹介】

新田 信行（にった・のぶゆき）

第一勧業信用組合理事長。一般社団法人 価値を大切にする金融実践者の会 議長。

1956年生まれ。千葉県千葉市出身。1981年一橋大学法学部卒。第一勧業銀行（現・みずほ銀行）入行。みずほフィナンシャルグループ与信企画部長、みずほ銀行銀座通支店長、みずほ銀行コンプライアンス統括部長を経て、2011年みずほ銀行常務執行役員。2013年より第一勧業信用組合理事長。2016年黄綬褒章受章。開智国際大学客員教授。

著書に『よみがえる金融―協同組織金融機関の未来』（ダイヤモンド社、2017年）がある。

江上広行（えがみ・ひろゆき）

株式会社URUU代表取締役。一般社団法人 価値を大切にする金融実践者の会 代表理事・事務局長。グロービス経営大学院 客員准教授。

1967年生まれ。石川県金沢市出身。1989年金沢大学経済学部卒。地方銀行および、システム開発会社を経て2018年9月株式会社URUUを設立。組織開発コンサルティング、人材育成研修、対話のファシリテーションなどを行う。

著書に『対話する銀行―現場のリーダーが描く未来の金融』（金融財政事情研究会、2017年）などがある。中小企業診断士／ＩＴＣＡ認定ＩＴコーディネータ。

誇りある金融

バリュー・ベース・バンキングの核心

2020年5月7日　発行

著　者——新田信行　江上広行
発行者——楠 真一郎
発　行——株式会社 近代セールス社
〒165-0026　東京都中野区新井2-10-11 ヤシマ1804ビル4階
電 話（03）6866-7586
FAX（03）6866-7596
編集協力——————浪川　攻
本文デザイン・DTP——里村ますお
カバーデザイン————井上　亮
印刷・製本——————株式会社暁印刷
編集担当——————飛田浩康

ISBN978-4-7650-2178-4